東京の謎《ミステリー》

この街をつくった先駆者たち

門井慶喜

文春新書

1328

はじめに
なぜ東京を「とうきょう」と読んではいけないのか

東京を「とうきょう」と読むのは間違いである、という話から始めたい。

男女という熟語がある。「ダンジョ」と読むが「なんにょ」も正しい。男女七歳にして席を同じゅうせずのときは前者だし、老若男女のときは後者である（カタカナとひらがなの書きわけの法則はあとで述べる）。ところが両方をごっちゃにして、

ダンにょ

なんジョ

と読んだらペケ。混ぜるな危険。テストの点数がもらえないという以前に、むずがゆいというか、誰しも生理的な違和感があるのではないか。

そもそも漢字には、音読みと訓読みがある。そのうち音読みというのは中国語の発音を

そのまま（に近いかたちで）日本語へ取り入れたものであるが、これはさらに二種類にわかれる。呉音と漢音である。

大ざっぱに言うと呉音というのは中国南方の方言が起源であるもの、漢音というのはもう少し北の長安（現・西安）のことばが起源であるもの。前者が先に、後者があとで日本に来た。

純粋に日本語の発音として見た場合には呉音のほうが柔らかく、拗音促音が多い傾向があるのに対し、漢音のほうが音《おん》がきつく、濁点が多い。「なんにょ」と「ダンジョ」の差はまさしくこれである。ここでは呉音をひらがなで、漢音をカタカナで書いたわけだ。私たちは明確には意識していないけれど、こういう二字熟語を読む場合は、呉音なら呉音で、漢音なら漢音でそろえるというのが原則なのだ。その原則が外れたとき、私たちの心の耳は、かすかな不協和音を聞くのである。

（ほんとうを言うと漢字の音読みには他にも上古音、宋音があるのだが、これらは数が少ない上、いまの私たちの生活にはさほどの影響をあたえていないので省くことにする。）

と、ここまで言えばもうおわかりだろう。あの混ぜるな危険、生理的な違和感をもよおさせる「ダンにょ」とおなじ読みかたで、私たちは「東京」を読んでいる。藤堂明保編

『学研漢和大字典』をひらいてみれば、

東……呉音「つう」、漢音「トウ」

京……呉音「きょう」、漢音「ケイ」

とある。少し大きい漢和辞典ならみなおなじ記述のはずだ。東京はつまり「トウきょう」なのだった。

そもそも東京という地名は、人工的に案出されたものだった。ガマの群生地だから蒲田だとか、天然の良港があるから津（三重県）だとかいうのとは異なり、維新のどさくさで、田舎から来た志士あがりの元勲たちが「東の首都」くらいの意味で命名したのである。

しかしいくら田舎の志士あがりでも、漢籍の教養はこんにちの私たちより数等も上だった。彼らはこの東京という新地名をまちがいなく「トウケイ」と読んだだろう、そう人々に読まれることを想定しただろう。漢音は漢音でそろえるべし（東の呉音「つう」は当時から一般的ではなかったので「つうきょう」は候補外）。ところがその一般法則は、民衆の、特に江戸の民衆の感覚にはなじまなかった。

あるいはそんな一般法則などあっさり押しつぶしてしまうくらい、それくらい彼らにとって「きょう」の読みは重かった。京ことば。京おんな。京の着だおれ。京白粉《おしろい》。京縞《じま》。

京小袖。京極……みんなみんな「きょう」じゃないか。

いろは歌のおしまいも京。日本橋から西へと向かう第一の橋の名前も京橋（名前の由来は諸説あり）。もちろん京洛《ケイラク》、京師《ケイシ》などという漢音系の語もあったけれど、これらは知識人のもので、日常語ではなかった。たぶん江戸の民衆には、いや、ほかの地方の人々にも、漢音「ケイ」は少しきつすぎたのである。

呉音「きょう」のやわらかい響きのほうが、街のイメージと調和した。こんにち京都と呼ばれるあの街のおっとりとした、繊細な、気品ある印象。その余波として「トウきょう」という木に竹を接《つ》いだような読みはあるのだった。

その「木に竹」にも、いまや私たちはすっかり慣れてしまった。「トウきょう」が当たり前。それが自然なのであり、「トウケイ」はやっぱり不自然で……と言いたいところだが、じつはこんにち、私たちは、或る特定の分野においては東京の京を「ケイ」と呼んでいる。

ありふれた日常のことばとしている。歴史の矛盾？　日本語の矛盾？　その分野とは、そう、鉄道の分野にほかならないのだ。

京王線、京成線、京浜急行線、京葉線……いずれも明確に「東京」の意を示していながら、とつぜん読みが変わってしまう。

呉音が漢音になってしまう。これは一体なぜなのか。おそらく京のみやこは女性のイメージで、近代の鉄道は男性のイメージで、それぞれ語られることが多かった事実と関係があるのだろうが、ともあれ本書はこんなふうに、これから東京という街をいろいろ考えようと思う。

読者もいっしょに考えてもらえたら幸いである。なおその方法としては、従来あまり人が目をつけなかったところに目をつけることは当然として、その上で、なるべく視点は自由でありたい。

空間的には東西南北へ、ときに東京の外へと飛翔しつつ、時間的には歴史をしばしば昇降する。いわば視点の三次元運動。それはひょっとしたら司馬遼太郎が名著『この国のかたち』や『街道をゆく』で日本および日本人について考えたときの態度に近いかもしれず、その意味では、本書のもうひとつのタイトルは「この東京《まち》のかたち」であると言ったらおこがましいだろうか。

東京の謎《ミステリー》　◎目次

第三章　関東大震災

第四章　戦　後

東京23区略図

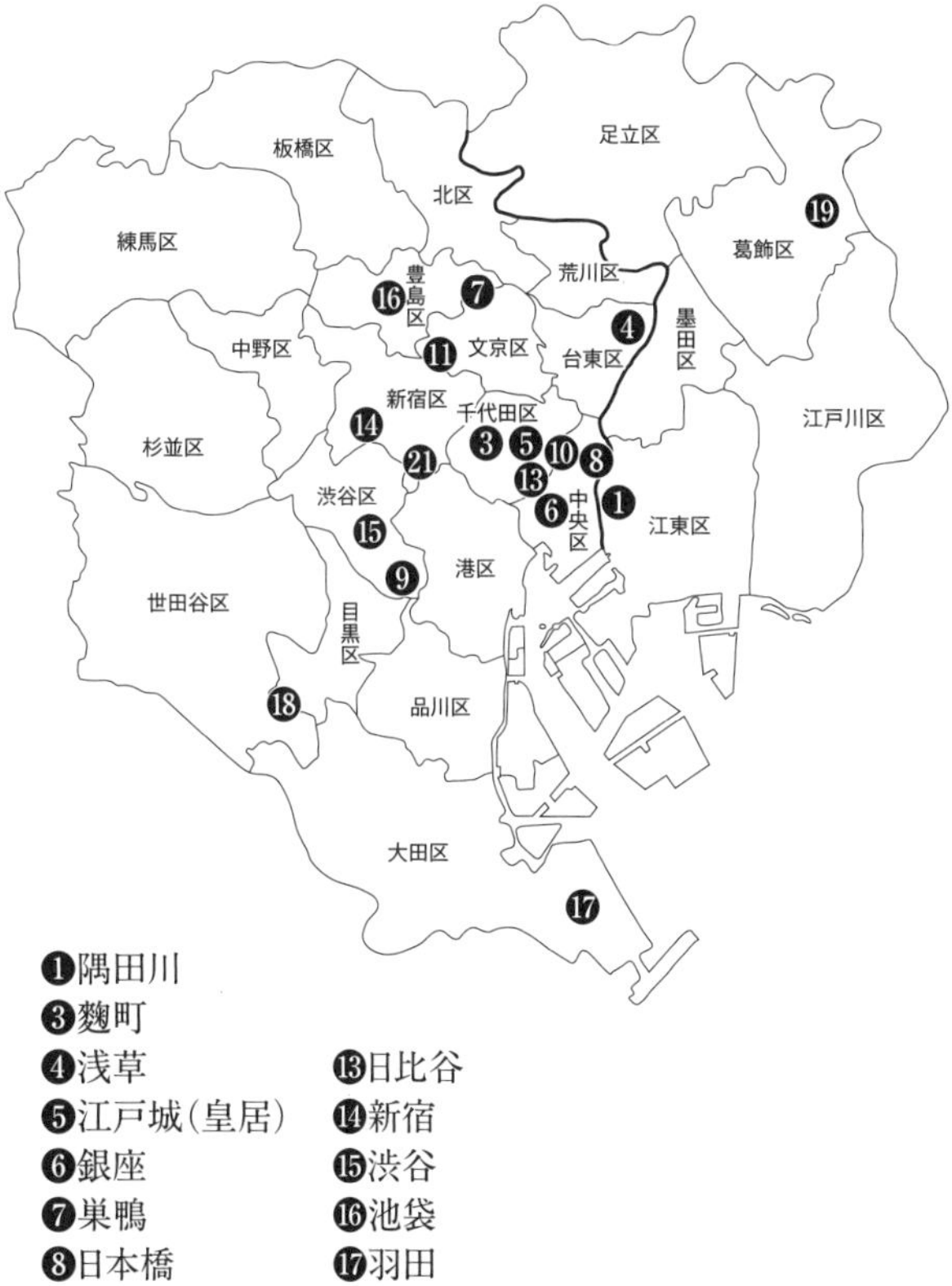

❶隅田川
❸麹町
❹浅草
❺江戸城（皇居）
❻銀座
❼巣鴨
❽日本橋
❾恵比寿
❿東京駅
⓫音羽
⓭日比谷
⓮新宿
⓯渋谷
⓰池袋
⓱羽田
⓲自由が丘
⓳柴又
㉑新国立競技場

番号は各回に対応します

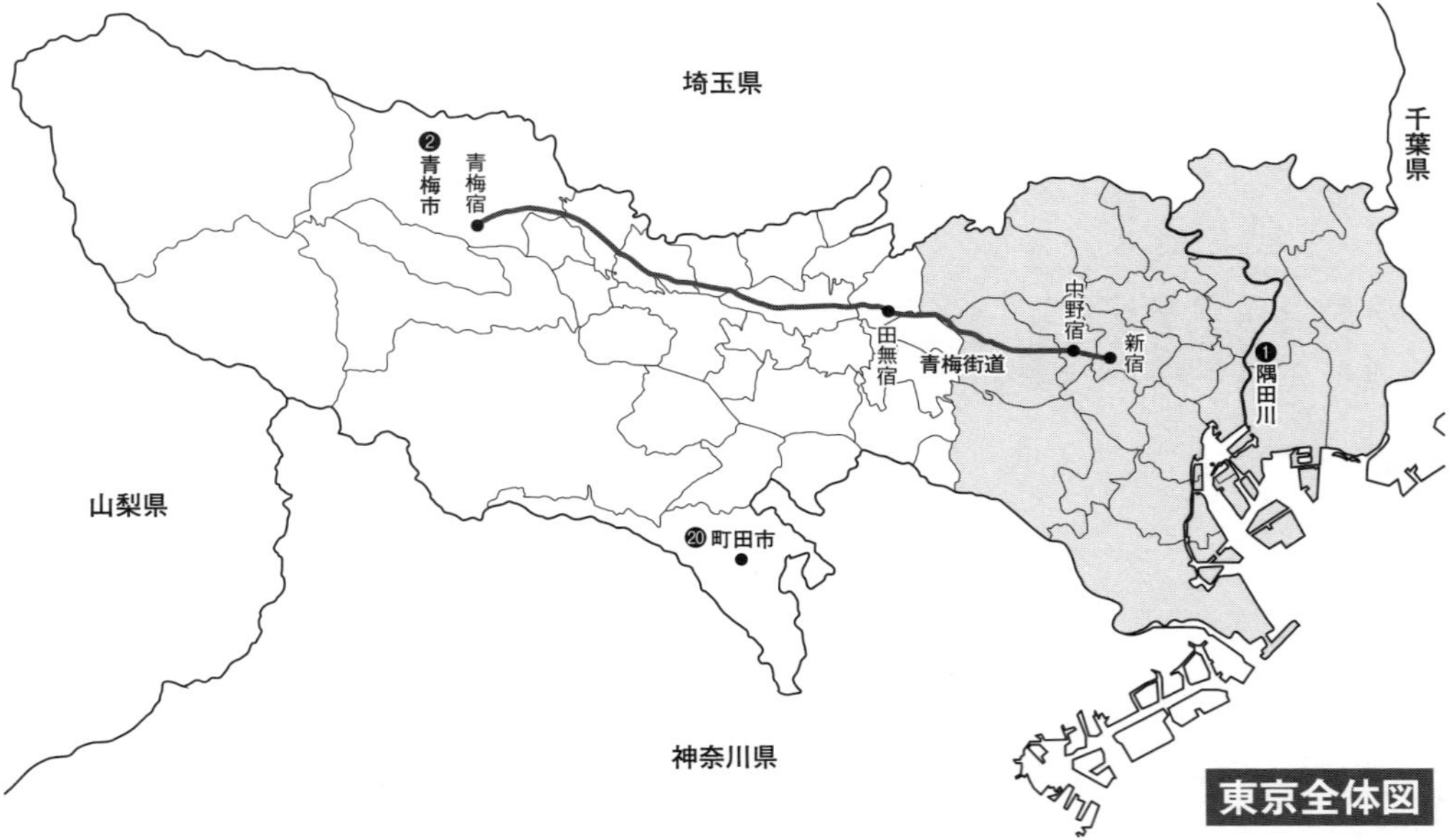
埼玉県
千葉県
❷青梅市
青梅宿
田無宿
青梅街道
中野宿
新宿
❶隅田川
山梨県
⑳町田市
神奈川県
東京全体図

第一章　東京以前

第一回　なぜ源頼朝は橋のない隅田川を渡ったのか

東京という街について考えていると、ときどき欲求不満になる。

遠くへ旅行できないそれにも似ているだろうか。何しろ街づくりの始まったのは天正十八年（一五九〇）、徳川家康の関東入府のときであり、それ以前のことには想像の手がなかなか届かないというより、想像の材料がないのである。

いっそのこと、古代、中世の日本には、

――江戸など、存在しなかった。

そう言いきってしまいたい衝動にも駆られたりする。そんななか貴重なのは、平安初期の歌人・在原業平《ありわらのなりひら》が隅田川のほとりに立って（という設定で）、こんな歌を詠んでくれたことだった。

名にし負はばいざ言問はむ都鳥《みやこどり》
我が思ふ人は有りやなしやと

『古今和歌集』羇旅歌《きりょか》。この歌のなかの「都鳥」が、いまの鳥類図鑑でいうユリカモメであることは知っている人も多いだろう。ユリカモメが東京都の鳥に指定されているのも、新橋‐豊洲間を運行している新交通システムの愛称が「ゆりかもめ」であるのも、この歌のゆかりであるわけだが、しかしあらためて考えてみれば、この鳥は、ないしこの歌は、ほんとうに都民のこんな優遇に値するのだろうか。

実際、私はやや疑問である。なぜならこの一首を詠んだとき、業平は、隅田川または東国一般をほめたたえたのでは決してない。それどころか、

――これだから田舎は。

と馬鹿にすらしていただろう。その証拠に……と、ここは『古今和歌集』の詞書《ことばがき》を引くのもいいが、それに材を採ったと思われる『伊勢物語』のほうを引こう。

なほゆきゆきて、武蔵国《むさしのくに》と下総国《しもつふさのくに》との中に、いと大きなる河あり。それをすみだ河と

いふ。（中略）さるをりしも、白き鳥の嘴《はし》と脚と赤き、しぎの大きさなる、水の上に遊びつつ魚《いを》を食ふ。京には見えぬ鳥なれば、みな人見知らず。渡しもりに問ひければ、「これなむ都鳥。」と言ふを聞きて、『名にし負はばいざこと問はむ都鳥わが思ふ人はありやなしやと』とよめりければ、舟こぞりて泣きにけり。

要するに、京都という正真正銘のみやこから来た業平たちが、はじめて見る鳥を「都鳥だ」と言われて、

――なーにが「みやこ」だ。そんなら京にいる彼女の様子を知らせてみろ。

と鳥をいわば挑発した。それが一首の真意なのだ。挑発したのは「渡しもり」、または東国の住民一般に対してだったかもしれない。ちょうど現在の東京都民が、千葉県袖ケ浦市の東京ドイツ村へ行って、

「東京じゃないし」

と笑うようなものだろうか。

いったいに在原業平というのは、平安時代の太宰治みたいな人だった。自虐とみせかけて他人への精神的攻撃をおこなうその手つきは天才としか言いようがなく、こんな意地悪

な解釈もおのずから許されるのではないだろうか。ついでに邪推をかさねるなら、業平たちは「すみだ河」という川の名前にも違和感があったかもしれない。こんな草ぶかい土地をながれる、むやみと大きい濁り川が、よりにもよって「澄み」だってさ。

とにかく隅田川は、そういう田舎の大河だった。あるいは手つかずの大自然だった。時代がくだり、鎌倉・室町の世になっても事情がやっぱり変わらなかったらしいことは、源頼朝のエピソードを見てもわかる。エピソードと言うにはあまりにも小さな風景だけれども、この鎌倉幕府の創始者は、この川をなかなか苦労して渡っているのだ。

頼朝は治承四年（一一八〇）八月、打倒平氏の旗をあげた。

蟄居《ちっきょ》先の伊豆から西進して、京にのぼろうとした。けれども相模国石橋山であっさり負けて、安房《あわ》へのがれた。ところが安房でふたたび味方があつまり、かえって勢力が増したので、武蔵国へ入り、さらに鎌倉へ入ることにした。

頼朝による本格的な東国支配、全国支配はここに端を発するわけだが、そのひとつ前、武蔵国へ入るときに、頼朝はつまり隅田川のほとりに立ったわけだ。

彼はその渡河にあたり、たくさんの釣り舟や商人船《あきんどぶね》をならべさせたという。いわゆる船橋である。さぞかし足もとがぐらぐらしたのではないか。

人や軍馬はともかくとして、駄馬（荷物をはこぶ馬）がその上へずかずか乗ったのでは、事によったら二、三艘くらいは沈んだかもしれない。まことに危険な旅だった。頼朝がこんな思いをしたということは、逆にいえば、当時の隅田川には本格的な橋はなかったことになる。

あったとしても、せいぜいが簡素な土橋か何かだったのだろう。当時のわが国にはそんな高度な水上建築技術はなかった……わけではない。ちゃんとあった。おなじころ西日本では、川どころか海の上にしっかりと大鳥居を立てた上、寝殿造の社殿まで建てている例があるのだから。

その鳥居および社殿とは、そう、安芸《あき》国宮島の厳島《いつくしま》神社のそれである。平氏一門の崇敬の的。海はもちろん瀬戸内海。この海は、さかのぼればおそらく縄文時代くらいから畿内と九州をむすびつける日本水運の大動脈だった。

私はかねて、

——海の国道一号線。

と呼んでいる。釣り舟も、商人船も、それこそ数かぎりなく行き交っていたにちがいないが、それよりも多いのは荷船《にぶね》、つまり貨物船だったろう。

早い話が、古墳時代である。いま奈良県や大阪府には巨大な古墳がたくさん残っているけれども、あの内部の石棺には、しばしば明らかに北九州産の石材がもちいられているという。

戦前の絵葉書「隅田川夕照」（筆者蔵）

輸送経路は、瀬戸内海しか考えられない。どんな形状の船だったのか、どんなふうに石を積んだのかは知るよしもないけれど、とにかく私たち日本人は、この海を、海というよりはむしろ運河に近い何かとして利用してきたのである。

隅田川のほうに厳島神社のような大建築がなかったのは、ただ単に、沿岸人口が少なく、交通量が少なかっただけだろう。だから恒久的な橋梁もなく、頼朝はぐらぐらと船橋の上を歩かなければならなかった。まだまだ田舎の大河だったわけだ。

「田舎の大河」から「都市河川」に

そういう隅田川が、江戸時代に入ると、とつぜん都市河川になるのである。

きっかけが天正十八年（一五九〇）の、徳川家康による関東入府であることは、もちろん疑問の余地がない。家康は首都を江戸とさだめた。そうして彼は、それにともない、当時のことばで、

――瀬替え。

という、一大土木工事をおこなったのである。

つまりは川のねじまげである。理由はおもにふたつだった。ひとつは洪水防止のため、もうひとつは水運網の整備のため。対象となるのは利根川と荒川。

その工事はこんにち、それぞれ、

利根川東遷

荒川西遷

などと呼ばれている。もともと利根川と荒川はおなじ水系に属していたのだ。

利根川のほうは群馬山中の水源からまっすぐ南流して東京湾へそそいでいたし、荒川のほうは埼玉の西部に端を発し、東へながれて利根川と合流していた。

いうなれば、もつれた二本の糸である。家康はそれをほどいて別々の川にした上で、利根川はぐいと東へまげて、太平洋（鹿島灘）へそそぐようにした。

荒川はひとり南流させて、江戸の市中へ引きこんで、東京湾へこぼした。この荒川の下流部こそ、すなわち江戸時代の隅田川なのだ。またの名を「大川」とも呼ばれていたことは時代劇や落語でもおなじみだろう。くりかえすが「田舎の大河」が、とつぜん都市河川になったのである。

それはまさしく江戸という街そのものが無から首都になったのと軌を一にする大出世だった。そうして江戸の人口は激増した。ロンドンをしのぐとか、しのがないとか、いろいろ説があるけれど、百万人をこえたのは確かなようである。彼らはこのもっとも身近な、もっとも大きい、しかし生活感情の上では大きすぎない手ごろな川に、ひじょうに多くを期待した。

その期待に、隅田川はけなげにこたえた。ざっと挙げるだけでも、その役割は、

1　外港の一部（東京湾に直結）

2　運河

　2－1　貨物輸送路

　　2-2　旅客輸送路
　3　漁業の場
　4　災害時の放水路
　5　避暑地（夏の納涼船）
　6　情緒の対象
　　6-1　文学の材料
　　6-2　美術の材料

と、あまりにも多すぎる。およそ人間が川というものに押しつけることのできるすべての仕事を押しつけている観があり、かわいそうになるくらいである。各項についていちいち詳説することはしないけれども、たとえば「2-2　旅客輸送路」に関しては、私たちは、猪牙《ちょき》船《ぶね》にのりこんで吉原《よしわら》へ向かう通人のすまし顔を思い浮かべてもいい。

　また「6-1　文学の材料」に関しては、歌舞伎等における『都鳥廓白浪《みやこどりながれのしらなみ》』などのいわゆる隅田川ものを思い出してもいいだろうし、あるいは、これは近代小説だが、永井荷風『すみだ川』や池波正太郎『鬼平犯科帳』などを読みなおすのもおもしろい。

「6-2　美術の材料」の代表は、もちろん葛飾北斎「隅田川両岸《りょうがん》一覧」だ。こんなふうにさまざまな目的で川を酷使する江戸っ子たちの態度は、さながら中世以前の日本人の、あの瀬戸内海に対する態度にも似ているだろう。あれもたいへんなものだった。

(瀬戸内海の貨物輸送については前述したが、ほかにもたとえば、文学の面では『源氏物語』がある。紫式部が主人公・光源氏に自粛生活を送らせたのは、須磨、明石という沿岸の街だった。)

葛飾北斎「新柳橋の白雨　御竹蔵の虹」／「隅田川両岸一覧」(国立国会図書館)

隅田川という水の道は、いうなれば、江戸の瀬戸内海なのである。

とすれば、江戸の国道一号線とも呼び得るだろうか。こうした歴史の反映なのだろう、こんにち隅田川の沿岸は、どこか雑多な印象がある。高層ビルあり、むかしながらの工場あり、マンションあり、下町ふうの商店あり。

すべてが運んで来られた感じ。この風景を、あの在原業平が見たらどう思うだろうか。幸か不幸か、そこにはほかならぬ業平の歌から採ったにちがいない「言《こと》問橋《といばし》」という名の橋がかかっている。

その上を、エンジン音も高らかにバスや車が行き交っている。やっぱり、――あずまえびすは、風情を知らぬ。などと馬鹿にするかな。でも少なくとも源頼朝は満足するのではないか。何しろ言問橋は船橋ではない。頑強な近代的橋梁である。

第二回　なぜ大久保長安は青梅の山を掘ったのか

江戸の街なみというと、どんな風景を想像するだろうか。落語の八つぁん熊さんが住んでいそうな長屋の密集もそうだろうし、たくさんの人や荷車が行き交う表通りもそうだろう。表通りの左右には、ずらっと店の軒や看板がならぶわけだ。

けれども単純に面積で考えるなら、第一位はそれらではない。圧倒的に武家地のはずである。

大名屋敷や旗本屋敷。白い漆喰《しっくい》の塀がながながとつづいたあげく直線的に折れ曲がり、屋根つきの門があらわれ、なかの建物は板壁のときもあるだろうが、やはり高級なのは漆喰の壁だ。

ちりひとつ寄せつけぬ感じの清らかさ、まばゆさ。そういう屋敷のうち最大のものがすなわち将軍の住む江戸城であることは言うまでもないだろう。その後継たる現在の皇居の敷地内にも富士見櫓《やぐら》、百人番所、大手門がよく残っていて、文字どおり「徳川時代」をしのぶに足りるが、当時は武士だけでなく、商人もやはりお金があれば蔵や塀などは漆喰で建てたのではないか。漆喰というのは美しいことも美しいが、実用の面でも燃えにくく、また長雨や風にもくずれないという利点があったからである。商人たちの命より大事な財産をまもる盾としても、この材料は重宝したのだ。

すなわち江戸とは漆喰天国である。そう断言していいだろう。この万能の外装材は、主原料は石灰（消石灰、水酸化カルシウム）だった。いまでも小学生たちが体育の時間に校庭へ線を引いたりする、あの白い粉である（現在ではより安全な炭酸カルシウムを使用している由）。あれにフノリ（布海苔）などの海藻の煮汁をまぜて粘り気をつけ、壁土にべたっと塗りこむわけだ。セッカイがシックイになるなどとは何だか下手な駄洒落《だじゃれ》みたいだが、実際は、駄洒落どころか語源である。セッカイのなまりがシックイなのだ。

あるいは「石灰」の唐音がシックイともいう。唐音とは行灯をアンドン、和尚をオショウと読むたぐいの特殊な読み。どちらにしても両者は同一の語と見てよく、むろん「漆喰」は当て字である。江戸の街なみとは石灰の街なみにほかならないのだ。

そうして当時は、いまと異なり、石灰を人工的に製造する手段はない。いや、ないことはないのだが、それは貝殻を焼いて砕くというようなものだから規模は小さいし、生産高もごく少ない。

つまりは大自然から頂戴するほかなく、問題は鉱業のそれになる。石灰石はどこの山に産したか。

こんにちの青梅《おうめ》市に産した。青梅というのは西にながい東京都（島嶼《とうしょ》部を除く）のなかでも西のはしっこ、というより北西のはしっこに位置する街であり、東京駅からの鉄道距離は五十キロ以上。もし東海道をたどるとすれば横浜をこえて藤沢あたりまで行ってしまうほどである。青梅市は、都内にありながら地勢的には埼玉県へ足を出しかけているのだ。

その青梅市の北部、成木《なりき》や小曾木《おそき》といったような地区の山から石灰石が大量に出るとわかったのは戦国時代、いや、もっと以前かもしれない。しかしながら石灰石鉱山などというものは、日本の場合もともとめずらしくない上に、需要がじゅうぶんではなかった。たとえば室町時代の人にとって石灰というものの用途といえば、おそらくは建物の外装よりもむしろ絹や麻などに色をつける媒染剤という印象のほうが強かったのではないか。これでは青梅のたっぷりの山抱えも人目を引かないわけである。

それが全国の注目をあびたのは、これももちろん、徳川家康が江戸に来てからである。

武家の屋敷はとにかく敵襲にそなえて燃えにくく、雨風にくずれぬ外壁を持つべきだというのはそれ以前から常識ないし理想だったけれども（見た目が美しければなおよろしい）、それが戦国乱世の時代を経て、かなりの程度、実現されたということだ。

漆喰という建材が、歴史の表舞台に立った瞬間である。家康の江戸入府から十六年後、慶長十一年（一六〇六）には江戸城の改修がおこなわれたが、この改修というよりはむしろ第二期開発と呼ぶほうがふさわしい巨大プロジェクトにさいしては、幕府は、

——石灰は、青梅より採取し上納せよ。

という命令を下している。

当時はセッカイではなくイシバイと読んだのだろう。下した相手は、八王子代官・大久保長安《ながやす》だった。

大久保長安は、近世最高の鉱山経営者である。

このとき六十一歳であり、すでにして石見《いわみ》銀山、佐渡金山、伊豆金山などといったような錚々《そうそう》たる場所での実績があった。手がけた金山銀山はことごとく採鉱量が劇的に向上し、幕府財政をうるおした感がある。

その秘密はどうやら採掘技術の改良よりも、むしろ労働者の管理の徹底および効率化の

ほうにあったらしい。鉱山「経営者」と呼ぶゆえんである。そういう大久保長安をここで起用したということは、幕府は或る意味、金山銀山と同様の重要性をこの石灰石鉱山にみとめたことになる。問題は距離だった。何しろ青梅の山々は、都心までの距離が五十キロ以上。そう、東海道なら横浜よりも遠いのである。

この問題を、長安はどう解決したか。

「新宿」の誕生

——道を、通せばいい。

青梅で採り、青梅で焼いた石灰をぎっちり俵につめこんで、馬で江戸へと運びこむ。そのために、それだけのために、長安はあえて幹線道路を一本引いたのである。

この発想は、コロンブスの卵だった。それまでの日本史にこれほどの規模の貨物専用線があらわれたことはない。むろんただ地面をふみかためれば一丁あがりというわけではない。青梅から江戸市内まで一頭の馬にひたすら荷物を負わせるのは無理であり、途中には、いくつか宿駅《しゅくえき》を設けなければならないからだ。

荷物はそこで馬から馬へと載せかえられ、馬引きの人夫も交代して、リレー競技よろしく運んで行かれる。これを駅伝という。このため周辺の村はつねに馬や人夫を用意しておかなければならず、幕府のほうも、彼らの負担を公平にする諸規則をさだめる必要がある。それやこれやをふくめると、長安が整備したのは単なる一本の道路ではない。その沿線の住民まで巻きこんだ社会基盤そのものだったのである。

そうしてこの石灰のための青梅道《おうめみち》は、じつはもうひとつ大きな副産物を生んでいる。新宿である。青梅道はじつはそれ自体が江戸市中にまで進み入るわけではなく、その手前で、甲斐《かい》国から来た甲州街道と合流して、それに吸収されるのである。

その合流点（江戸から来れば分岐点）にはもともと宿駅などなかったものを、便利だからと、あとで置かれたのが内藤新宿にほかならなかった。これが現在の新宿の街なのである。

その意味では、青梅は新宿の母である。もちろんほかにも新宿誕生の理由はあるので、くわしくは第十四回「なぜ新宿に紀伊國屋書店があるのか」で述べるつもりだが、ともあれ青梅道においては、内藤新宿にいたる宿は四つ。

箱根ヶ崎

小川

田《た》無《なし》
中野

これらが現在の地図のどのへんにあるかの調査ないし探検は、読者にゆだねることにしよう。とにかくこの青梅道の完成により、江戸の街はみるみる漆喰の白壁の屋敷がふえ（色をつけた例もある）、自然災害に強くなり、二十一世紀の私たちの脳裡へも或る統一された視覚的記憶をもたらしたのである。

いや、江戸ばかりではない。この青梅石灰はそのほか駿府城、名古屋城、京の二条城、大坂城、さらには日光東照宮のごとき宗教施設にまで用いられたという。全国制覇のいきおいである。石灰というのが体積のわりには重量が少なく、つまりは運びやすい建材だからでもあるだろうが、だとしても、まさかこれら全物件の全壁面にくまなく塗られたわけではあるまい。

現在の新宿追分
（青梅道と甲州街道の分岐点）

ほんの一部にちがいない。それでもとにか

く塗りさえすれば将軍家の「御用石灰」使用の金看板が、いや白看板がかけられる。そういう親の七光りみたいな思惑が駿府城には、名古屋城には、その他の物件にもあったのだろう。青梅の地名はここまで貫禄がついたのである。

もっとも、徳川時代の物流の中心は陸運ではない。水運である。宝永年間（一七〇〇年代初頭）あたりからは並行する新河岸川《しんかしがわ》が整備されたことで青梅道の負担はいくらか軽くなったけれども、この川はさほど大きくなく、石灰の陸送はやはりつづいた。

いや、それどころか、時代が進むにつれて青梅道の運ぶ品物の種類は、杉皮、織物、薪《しん》炭《たん》……むしろ多様になったのである。

社会の複雑化に応じたわけだ。もちろんこの「品物」のなかには人間も入る。右の四宿、ことに田無と中野がさらに周辺の地域へと道をのばすと、そこから来て、じかに甲斐方面へ行きたい人がふえる。そこで青梅道のほうも青梅の先へと延伸して、大菩薩峠をこえて甲斐に入り、甲府の近くでふたたび甲州街道に合するようになるのである。

いわゆる脇街道が誕生したわけだ。裏街道ともいう。もちろん利用者のほとんどは善良な市民だったにちがいないが、なかには天下の大道を胸はって歩けない凶状持ちのような人々もいたとか。

そういえば中里介山の大長編小説『大菩薩峠』の主人公は机龍之助という幕末の剣士だけれども、これは何しろ冒頭いきなり武州御岳山《みたけさん》（現在の青梅市）の奉納試合でライバルの剣士を斬り殺し、その妻をさらって逃げ出した札つきの犯罪者であり極悪人である。作者がわざわざタイトルに脇街道の難所中の難所の地名をえらんだのは、こういう人物造形と呼吸を合わせた面もあるのではないか。ともあれ、このようなしだいで、青梅道の歴史とは特殊から一般へのあゆみだった。単一の資源の搬送路から始まって、多品種のそれになり、人の往来のよすがになった。

現在はもちろんアスファルトで舗装された道路となり、青梅街道と名を変えて、車やトラックをさかんに行き交わせている。どこにでもある風景である。しかし私はそれを個性の喪失というよりも、むしろ汎用性の獲得と受け取りたいような気がするのだ。東京に漆喰の建物がなくなっても、道は生き残ったのだから。

少なくとも、あの「発展的解消」という語がもっとも似合う街道ではあると思う。ついでながら現在は、青梅マラソンのコースにもなっている。いわゆる市民マラソンの大会のうち、有名なもののひとつだろう。もっとも、あれは基本的にはランナーがひとりでゴールまで駆ける形式であるからして、駅伝ではないのだが。

第三回　なぜ麹町は地図の聖地になったのか

麹町は江戸城（皇居）の西にひろがる町である。地名の語源はよくわからない。「こうじ」とは何か、おもに三説があるようだ。

1「麹」。酒、醬油などの醸造の原料である麹の生産地だった。

2「小路」。せまい路地が入り組んでいた。

3「国府路《こうじ》」。

3は多少、註釈がいるだろう。律令時代、武蔵国の国府《こくふ》（主都）は現在の府中市に置かれていた。そこへ向かう街道ぞいの町だから「国府路」ということ。

コクフの音《おん》がコウに変わるのは、神奈川県の国府津《こうづ》という実例がある。東海道本線の駅がある。これもはっきりと相模国の国府の港だったところだけれども、しかしまあ実際は、

――2じゃないかな。

などと、江戸時代の切絵図（地図）を見ていると何となく思うのだ。

そもそも当時の麹町はかなり広い。町というよりも、むしろ地区ととらえるほうがいいだろう。何しろ江戸城の西側、内濠と外濠のあいだを占めるのである。

より正確に言うと、内濠をまたぐ半蔵門から、外濠にかかる四ツ谷門まで、まっすぐ東西方向に街道がのびていて（こんにちの新宿通り）、その北側一帯があの皿屋敷ものの怪談で有名な番町であり、南側一帯が麹町。おそらく街道をはしからはしまで歩いたら二十分はかかるのではないか。

その麹町地区の、ことに東側（内濠側）半分は、切絵図では、べったり灰色でぬりつぶされている。

凡例を見ると灰色は「町家」。もちろん巨大な一軒がそこにあるという意味ではなく、そのなかに、ごちゃごちゃと家や道がつめこんであるという意味。もっとも、この場合の「家」とは、ただ人が住むだけの純粋な長屋のようなものもあったろうが、それ以上に、商店や職人の家が多かったのではないか。

つまり職住一体の家。呉服屋、筆屋、油屋、八百屋、風呂屋、煮売茶屋……麹町はいわゆる江戸の山の手に属するが、こんなに繁華な街はほかにないのではないか。麹町はいわば、山の手の浅草といえるような土地柄だった。

ところでこの灰色つまり「町家」一帯の、内濠と外濠の中間あたりには、よく見ると、

切ヅ板元　金リン堂

と記されている一画がある。

「切ヅ板元」は「きりず・はんもと」と読むのだろう。この切絵図の版元である金鱗堂はここにあるよ、という合図ないし宣伝だ。

これはたとえば、こんにち文藝春秋が自社の刊行した東京地図本の紀尾井町のところに「文藝春秋」と書きこむ、というのとは話がちがう。文藝春秋の本は東京中、というより日本中どこでも買うことができるけれど、金鱗堂の切絵図は、通例、ここでしか買えなかったと思われるからである。この一枚を買ったお客は、あとで、

――この地図は、ここで買ったんだよなあ。

というあたたかな思い出とともにその一点をしげしげ見つめるだろう。ふるさとの家族や知人へおみやげとして渡したときには、聞かれもしないのに、

「ここだよ。ここで買ったんだ。麹町っていうんだ」

と自慢するにちがいない。地図が生むかすかな懐旧、ささやかな会話。金鱗堂はなかなか商売上手な版元だった。

ただし金鱗堂は、最初に切絵図を売り出した版元ではない。最初にそれを売り出したのは、おなじ麹町の、近江屋という店だった。

近江屋はもともと出版業者でも何でもなく、何とまあ荒物屋だったというから畑ちがいもはなはだしいが、これには理由がある。何しろ店が四ッ谷門の近く、つまりお濠の内側の第一歩というべきところにあったためだろう。道ゆく人に、

――番町の、誰々さんの家はどこであるかね。

と、あんまりたびたび尋ねられたのだとか。

番町というのは前述のとおり甲州街道をはさんだ麹町の向かい側、つまり北側一帯の地区の名で、いってみれば麹町の武家版。やっぱり家や道がごちゃごちゃしているから、そこの誰々さんを訪ねようとすれば、

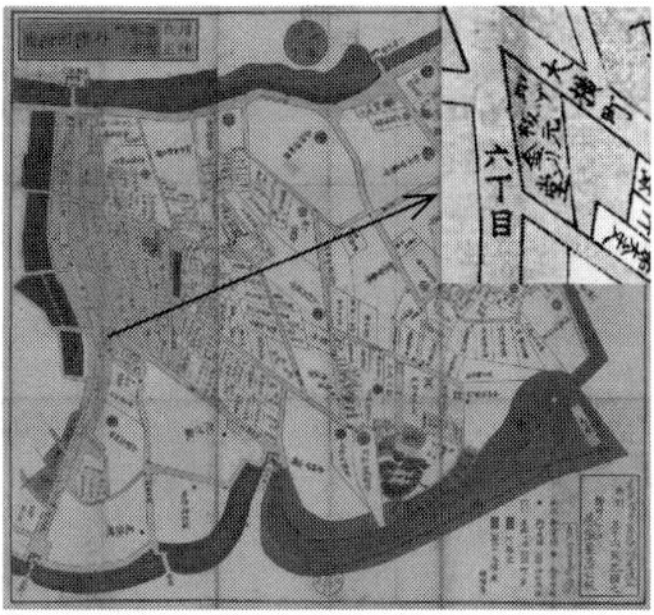

「麴町永田町外桜田絵図」と部分拡大
（国立国会図書館）

人々はまず第一歩のところで地元の店に聞かなければならなかったのだ。

近江屋のほうはさだめし煩《わずら》わしかったろう、本業の荒物売りにもさしつかえたろう。彼らはそこで、やむを得ず（！）地図を紙に刷ったわけだ。説明の手間をはぶくために。

ところがこの地図が、大売れに売れた。番町やら麹町やらへ用がある人はもちろん、ない人までが、

――きれいな絵だから。

とか、あるいは、

――ふるさとへ帰るので、世話になった人へのおみやげに。

などと言って買い求めた。

刊行は弘化三年（一八四六）だから、ペリー来航の直前あたり。まあ幕末としていいだろう。近江屋はこの予想外のベストセラーに気をよくして、さらなる客のもとめに応じることにした。

内桜田、外桜田、八丁堀、日本橋、巣鴨、雑司《ぞうし》ヶ谷《や》、浅草、大久保……地区ごとに製作した。みんな売れた。切絵図というのは幕末になって突然に、ほんとうに突然にあらわれた一大社会現象なのだ。

これを横目で見て、そんなに売れるならうちもやろうと思い立った後発組が、つまりあの「切ヅ板元　金リン堂」の金鱗堂というわけだ。

刊行開始は近江屋の三年後。こちらは本業が地本《じほん》問屋だった。錦絵や戯作、草双紙などをあつかうので、地図専門ではないにしろ、荒物屋よりは近いだろう。こうして麴町には切絵図の二大版元が出そろった。

マーケットを文字どおり二分した。そうなると、こんにちから見てふしぎなのは、ほかの業者がなぜ出なかったのかということ。これほど人気が出たのなら、三四目、四四目のどじょうをねらう野心家が出てもよさそうなのに。あるいは麴町とは別のところで新たに店をたちあげる者がいてもよさそうなのに。

結局、ごく小さな例を除いて、誰もそうしなかった。切絵図という商品は、言問《こととい》団子が向島名物であるごとく、たけのこめしが目黒名物であるごとく、麴町名物になったのである。

「地図」の意識革命

地図というのは、もともと軍事機密だった。

学者のなかには「文字より古い」と言う人もいるほどであるが、それも戦争に必要だったからだろう。日本の場合には鎌倉時代なら御家人《ごけにん》たちが、戦国時代なら大名たちが、隣人または隣国との境界あらそいに資するため可能なかぎり精密なそれを必要としたことは容易に想像できる。これは広域図の話である。

　ましてや狭い範囲をあつかう、ひとつの街の地図となると、なおさら機密の度は高くなる。ことに徳川時代の城下町の場合には、それはそのまま要塞の構造図になるわけだ。そんなものがもしも現実さながらに描かれ、売られたりしたらたいへんだ。敵の手に落ちればたちまち最短最適の侵入経路を明示する危険な誘導灯になるのだから。常識的に考えれば、市街図など、当局が積極的に取り締まってしかるべきものなのである。

　ところが徳川時代とは、異様な平和の時代だった。

　幕府開創から二百五十年以上、戦争のない時代がつづいた。イギリスも中国も攻めてこなかったし、国内の大名が革命の旗を掲げたりもしなかった。江戸城は安泰。城下の人々も、だからすっかり安心した。そこではじめて気づいたのは、

　——地図というものは、ひょっとしたら軍事以外にも使えるんじゃないか。たとえば、そう、道がわからないとき役立つとか。

このことだった。軍事機密から日常の道具へ。まさしく天文学におけるコペルニクスの地動説にも比せられるような、たいへんな意識革命がこのとき起きたことになる。あの切絵図のベストセラー現象は、根本的なところでは、これが最大の要因だった。当時の人々のおどろきはたぶん、こんにちの私たちがスマホではじめてマップアプリを起動したときのそれを遥かに上まわるものだったろう。地図ってすごい。きれいだし。幕府当局ももうそれを取り締まることはしなかった。する発想さえなかったろう。まさしく江戸城は安泰だったのだ。

そのさい切絵図の生まれたのが麹町であることは、そうして麹町以外に生まれなかったことは偶然ではない。なぜなら麹町という地区もまた、地区そのものが「軍事から日常へ」の場だったからである。

もちろん麹町は町人の町である。武家の町ではないし、したがって軍事都市ではない（外濠側には大名屋敷もあるが）。けれども甲州街道をはさんだ向かい側には、そう、あの麹町の武家版というべき番町があるのだ。

番町はもともと「大番衆」という将軍直属の常備軍の屯所だった。

それが住まいに変わったのである。目的は江戸城の西のまもり。甲府、八王子方面から来る敵をしっかり迎え撃つこと。まさしく純然たる軍事都市。純然たる兵営。番町の番は番人の番なのだ。しかもその重要性はきわめて高かった。そもそも江戸城というのは西側があぶない城なのである。北にはもともと強敵はいないし、東と南は低地であり、城とのあいだに高低差がある。敵はなかなか攻めこみづらい。

ところが西側というのは台地がえんえんと西へつづき、高低差がない。敵から見れば攻めやすく、場合によっては疾風のはやさで半蔵門へ到達できる。半蔵門とは、江戸城のアキレス腱なのである。

そうして番町が兵営なら、麹町はそれをささえる酒保である。補給基地と言いかえてもいい。そういう意味ではやっぱり一種の軍事都市なので、それが二百五十年以上の平和ですっかり「山の手の浅草」になったことが、この場合、人々の心に微妙に作用した。

平和な軍事都市である麹町で、平和な軍事機密である地図を買う。その行為のおさまりのよさまでをも、人々はたのしみとしたのである。田舎へのおみやげとしたのである。

もしも誰かが麹町以外のところで切絵図を売っても、買うほうは興ざめだったのではないか。ちょうど目黒以外の地でたけのこめしを食うような、そんな感じのしらじらしさ。

その意味で、まさしく切絵図は麹町名物だった。余談だが現在も麹町には、「まっぷる」

「ことりっぷ」などで知られる、地図入りの本が得意な出版社の昭文社がある。

第四回　なぜ浅草は東京の奈良なのか

浅草ほど有名な街もそうないが、浅草ほどわかりにくい街もない。

東京のなかの東京という気がするし、東京らしくない感じもする。どっちなんだと言いたくなる。ひとつには歴史のせいだろう。浅草の歴史の中心部にあるのはもちろん浅草寺《せんそうじ》のそれだけれど（正式には金龍山《きんりゅうざん》伝法院）、この寺は、その起こりが飛鳥時代にまでさかのぼり得るのだ。

東京ではきわめて例外的な古さである。その起源は推古天皇三十六年というから西暦六二八年、これは聖徳太子が死んだ六年後にあたるが、檜前浜成《ひのくまのはまなり》、竹成《たけなり》という漁師の兄弟がいて、隅田川で魚を取っていたところ網にひょっこりと一寸八分（約六センチ）の観音像がひっかかったのを祀《まつ》ったのが始めとか。

時代といい、話の素朴さといい、何だか東京都というより奈良県のエピソードみたいだ。

実際、浅草寺の周辺の地では最近まさしく奈良時代の貨幣である和同開珎《わどうかいちん》が掘り出されているし、さらには平安後期の記録もある。後白河法皇が亡くなったあと、源頼朝が鎌倉でおこなった四十九日の法要には浅草寺から僧三名がまねかれている。神話や伝説や誇張ではない、ほんとうに古いお寺なのである。

そう考えると浅草寺は、もしかしたら東京のなかの奈良といえるかもしれない。地名の由来も浅草は「草が浅い」、奈良はおそらく「均《なら》す」という語と関係がある「平《なら》」なので、その風景もどこか通じるところがある。むろん古代においては街の大きさは雲泥の差だったが。奈良がそれこそ人口二十万ともいわれる大都市で、興福寺、東大寺、春日大社といったような巨大宗教施設を擁していたのとくらべると、浅草のほうは、隅田川水運の要衝の地ではあったろうが、まあ人口二千がせいぜいだったのではないか。

ところがこれが、一千年後には逆転した。徳川時代の浅草は、人口百万といわれる江戸のなかでも特別に人のあつまる土地となり、盛り場となった。そこには芝居小屋がならび、見世物小屋が軒をつらねた。人々は講釈、曲ごま、軽業《かるわざ》、居合抜き……なかには女相撲や売春もあったというから俗の度がすぎる。念のため言っておくけれども、これは門前町の話ではない。本堂の裏手、当時は「奥山」と呼ばれた一帯。すなわち境内の話なのである。

ここに浅草寺という寺の独特さがある。おそらくもともと下町の便利な場所に位置する上、境内がひろく、なおかつ樹木が多くて人の目がとどきにくいことから重宝されたのにちがいないが、それにしてもここまで大がかりになると、よくまあ幕府が黙認したものだ。倫理の問題はともかくとしても、このすぐ近くには、幕府公認の遊郭である吉原がひかえているのだから。

浅草寺のにぎわいそのものが、一種、幕政への挑戦と見られても仕方がないのだ。しかしながら、うがった見かたをするならば、この大っぴらな通俗化はじつは幕府にも利益があった。だから黙認したのではないか。

というのも、形式上、浅草寺は寛永寺の末寺なのである。寛永寺はいうまでもなく浅草のちょっと西、上野の山にある徳川家の菩提寺。とにかく京における比叡山延暦寺になぞらえて開かれただけあって（だから山号は「東叡山」だ）、

——一山三十六坊。

と呼ばれるほどの規模をほこる。まさしく江戸の山の手代表というべきこの寺が、下町代表たる浅草寺を支配下に置いたのは五代将軍・綱吉のときだった。

当時の浅草寺の別当（住職にあたる）がおこがましくも生類憐みの令を批判したから、

というのが表向きの理由だけれども、それなら別当ひとりを処分すればいい話で、ほんとうは、そんな理由を設けてまで寛永寺に財布を持たせてやりたかった。

それほど浅草寺の財布はゆたかだったのだ。なぜなら浅草寺はもちろん芝居小屋やら見世物小屋やらへ境内を無料で開放していたわけではなく、売上げの一部の上納を義務づけていたはずで、そのほか賽銭《さいせん》や市民の寄付も多かったからである。一種、人気企業を子会社化したようなものか。

浅草公園第六区／『東京名所写真帖』
（国立国会図書館）

とにかく浅草寺は、境内のにぎわいが圧倒的につづいた。幕末に花屋敷という金持ち向けの植物園ができたのも境内であるし（現在は遊園地化して「浅草花やしき」だ）、明治三十六年（一九〇三）、日本ではじめて「電気館」なる常設の映画館ができたのも境内である。この信じがたい包容力！　もっとも、この電気館のころにはもう境内全域が「浅草公園」という名称になっていて、園内が七区に分割されていたのだが。

第一区は観音堂、すなわち本堂である。花屋敷は第五区に、芝居小屋以下は第六区に、それぞれ所属するかたちになっていた。雑然とした道具箱のなかを整理整頓したような、とでも形容し得ようか。近代的な秩序主義。しかしそのいっぽう、この寺はまた、人々の厚い信仰の対象だったことも忘れてはならない。

聖俗一対一

その信仰の厚さは、こんにちの私たちの想像以上だった。たとえば天保六年（一八三五）七月、これは浦賀にペリーの来る二十年ほど前のことだけれども、本郷に住む町人がいた。

おそらく大店《おおだな》の主人だろう。名前がわからないので、かりに吾平としておくが、吾平は毎朝、雨の日も風の日も、浅草の観音様へおまいりをした（門井注、朝ならば例の芝居小屋等もしんとしていたにちがいない）。

と、おなじように毎朝かならず来る人がいるので、声をかけると、その人は筋違門外《すじかいもんそと》の薬屋・紀の国屋のあるじだという。

信心者どうし、いちど料理屋でゆっくり話をしようと日を決めたところ、その約束の日

にかぎって紀の国屋が来ない。さては病気でもしたかと彼の店へ行ってみたら、

「いや、病気ではないのです。じつは昨晩、うちの手代がしくじりをしまして。本来ならば毒薬を売るときにはお客の住所、用途をかならず聞かねばならない決まりなのですが、うっかり忘れてしまったのです。お上のどんなお咎《とが》めがあるかと気が気でなく、同業者へ相談をしに行っていた次第でして」

吾平は、助言のしようもない。せめてもと思って、そのお客が何歳くらいで、どんな着物を着ていたかを聞いて辞去した。

吾平の店は、そんなに遠くないところにある。手代が出むかえた。手代は、

「朝まいりは、お腹がおすきになるでしょう」

と言って、店に入ると手ずから小鍋に汁だんごを作ってくれた。

何気なしに見たところ、年齢も、着物も、あの紀の国屋の話のお客にそっくりである。

吾平は、

「いや、きゅうに気分が悪くなった」

とか何とか言って食うことをせず、古顔《ふるがお》の番頭をこっそり呼んで、

「妻はいま、となり町の実家へ帰っている。ひとつ使いを出してくれ。わしが汁だんごを

食って急病になったと伝えるのだ」

だが吾平のこの動きは、どうやら手代も察したらしい。妻の実家へ先まわりして、ふたりでゆくえをくらましてしまった。ふたりはかねて密通していたのである。

吾平は翌朝、また浅草寺へおまいりをした。紀の国屋も来た。吾平は一部始終を告白して、

「毒薬のことは、事を荒立てる気はありません。観音様のおかげですから」

紀の国屋は、

「それを聞いて安心しました。ただし万が一ほかで事を起こしたらたいへんなので、毒薬のことは、やっぱり町年寄に届け出ます」

届け出たところ、事は穏便にすんだという。めでたしめでたし。

この話は「事々録」という、貧乏旗本が市中のうわさを書きとめた手書きの本のなかにある（三田村鳶魚《えんぎょ》編『未刊随筆百種』第三巻所収）。当時の市民がいかに筆まめだったかの証拠としても興味ぶかいが、いや、それにしてもこのストーリーのおもしろさ、複雑さときたら。

単なる一挿話であることを超えて掌篇小説のおもむきがある。とりわけ汁だんごによる

毒殺が未遂に終わったあとの吾平と手代の出し抜き合いなど、ちょっと翻訳もののミステリを読むような気さえする。

推古朝のころのあの浜成、竹成とかいう漁師の兄弟の観音ばなしの素朴さから考えると、日本語の物語もずいぶん変わったものだ。進歩するのは科学技術だけではないのである。それはともかく、こうしてみると、徳川時代の浅草寺はどうやら宗教と興行、聖と俗が一対一の割合で配合されていたらしい。もちろん配合それ自体はほかの寺社でもふつうに見られるわけだけれども（たとえば目黒不動のそれは第九回「なぜヱビスビールは目黒だったのか」参照）、しかしそれはほとんどの場合、宗教のほうが興行へきびしく地理的、時間的条件をつけることで成立している。参道ならば認めるとか、境内の外ならおかまいなしとか、あるいは縁日の日だから特別だとか。

歌川広重「浅草雷門前」（国立国会図書館）

無条件に境内で三百六十五日縁日状態なのは、江戸ひろし、いや、日本ひろしといえども浅草寺だけではないか。それほど俗にまみれているという見かたもできるが、逆にいえば、それほど宗教色が強いともいえる。俗臭芬々《ふんぷん》でもなお本郷の大店の吾平（？）のような信心者がたくさんいたという事実がそれを証明している。

一対一と言った所以《ゆえん》である。その強さの原因はやはり、例の、東京のなかの奈良というべき起源のふるさにあるのだろうが、そういえば、ほんものの奈良——という言いかたも変だけれど——の、広大をきわめる興福寺の境内もまた明治期になって公園に化けた。

奈良公園である。だがこちらは正直なところ、現在、あまり寺くさくない。もうちょっと純粋というか、西洋的、近代的、あるいはいっそ現代的な感じがする。大阪の万博記念公園や広島の平和記念公園あたりに近いと言ったらわかりやすいだろうか。門や塀のようなものがなく、みどりの芝生がえんえんと敷かれた景色のせいもあるだろうし、奈良国立博物館や奈良県庁、奈良ホテルといったようなそれこそ近現代的な施設が点在するせいもあるだろう（厳密には県庁や奈良ホテルは園外らしいが、一般の人がふつうに歩くかぎり境界はわからない）。

しかしいちばん大きいのは、廃仏毀釈である。興福寺はこの明治初年における仏教破壊運動の津波にもっとも手ひどくやられた寺のひとつだからだ。

僧の組織は解体され、寺領は国家に没収され（だから奈良公園ができた）、堂宇は官庁に転用された。のちに復興がゆるされたとはいえ権威の低下はまぬかれず、そのことが現在における存在感のうすさ、宗教色の弱さになり、奈良公園の景観をよりいっそう純粋に近現代的に見せることになった。そういうことではないだろうか。

おなじことは東京の上野公園にもいえる。あそこも東京国立博物館や西洋美術館、東京藝術大学、ボート池、動物園などなど、それこそ近現代的な施設ひしめく寺くさくない場所になっているが、やはり寛永寺は一度、壊滅したのだった。ただしこちらは廃仏毀釈ではない。寛永寺は幕末、彰義隊というおもに下級幕臣で構成される軍事集団の立てこもるところとなり、新政府軍の攻撃を受けて堂宇の大半を焼失したのである。

それにくらべて浅草寺はどうか。彰義隊さわぎをかろうじてまぬかれ、廃仏毀釈からも復活して、戦後は「浅草公園」の名も廃止された。

名実ともに寺の境内をとりもどしたのである。現在もその宗教色と興行色の割合はやはり一対一に近いように私には見える。もしも廃仏毀釈がなかったら興福寺もあるいはこんな感じだったかと思わせるところまでふくめて、浅草寺は、まことに東京の奈良にほかならなかった。ひょっとしたら奈良より奈良かもしれない。

第五回　なぜ勝海舟はあっさり江戸城を明け渡したのか

「無血」という語は、むやみやたらと様子がいい。国語辞典を引けばまず、

——戦争の手段によらずに革命、クーデター等をおこなうこと。

というような語釈になる。この世でもっとも野蛮で暴力的ないとなみを、もっとも知的で文明的な方法で解決するという人類至高の達成。

その具体例として誰もが挙げるのはイギリスの名誉革命だろう。勃発したのは一六八八年だから、日本ではいわゆる元禄時代、江戸幕府第五代将軍・徳川綱吉がはじめて生類憐みの令を出したころ。

英語のGlorious Revolutionの語感もあり、さぞかし紳士的な話し合いが持たれたのだろうと想像してしまうが、実際はどうか。この革命はひとことで言うと宗教騒動だった。国王のカトリック推しがあんまり激しすぎるので、プロテスタント派の貴族たちが、海の

向こうのオランダ総督に、

――兵をさしむけてくれ。

と頼んだところ、おどろくことに総督みずから上陸してきたので、貴族たちは相次いで馳せ参じた。

国王は側近にまで寝返られ、孤立無援となり、ロンドンを去ってフランスに逃亡したというしだい。なるほど血が流れなかったから「名誉」革命というわけだが、しかしこれなら単なる結果論にすぎないと見ることも可能である。

少なくとも総督のイギリス上陸の時点では、双方、戦争する気まんまんだったはずなのだ。だいたい国王とオランダ総督はこのとき対立関係にありながら、同時に義理の親子の関係でもあったので（国王ジェームズ二世の娘メアリが総督オラニエ公ウィレムの妻）、その意味ではこれは革命でも何でもなく、家庭内の権力譲渡にすぎないともいえる。いずれにしても、こんなふうに歴史上「無血」と呼ばれる事件というのは、つぶさに見てみれば、たいていは未遂に終わった流血にすぎないようだ。スウェーデンのグスタフ三世による王権奪回も、リビアのカダフィによる政権掌握もである。どちらも軍人と行動をともにしている。

（もっとも、イギリス史のために言っておくと、この名誉革命を機にこの国の政体が絶対王制から立憲君主制へ変化したことは事実である。これは世界史の画期だった。王権よりも法律や議会といったものの力が大きく国を動かすようになった点では、たしかに「話し合い」の世の中への大きな一歩ではあった。）

江戸城

ならば日本の場合はどうか。和製「無血」の代表は何と言っても江戸城の無血開城だろう。高校の教科書などにも「無血」とはっきり記してあるのではないかと思うが、これははたして知的かつ文明的な話し合いの結果だったかどうか。

淡々と「開城」

そもそもの話のはじまりは、鳥羽伏見の戦いである。

慶応四年（一八六八）一月、京都南郊の鳥羽および伏見の地において、薩摩・長州藩兵を主体とする新政府軍が幕府軍に勝利した。

幕府側はもちろん勝ったほうでさえ「ほんとに？」と思ったにちがいない劇的な結末。それに乗じて、やれ行け、押せ押せとばかり進撃をたくましくする新政府軍。めざすは徳川の本陣、つまり江戸城の攻め落としである。

実際、彼らは三月六日の時点ではもう甲府に入っていて（以下日付に注意）、その日の軍議で、

――三月十五日、江戸城総攻撃。

と決定している。

九日後である。将軍・徳川慶喜はすでにして寛永寺に謹慎しているから大将はいないのだけれども、しかし何しろ江戸の街には「旗本八万騎」と称される将軍直属の親衛隊が駐屯している。いやまあ実際はその駐屯というやつも天下泰平三百年のうちに単なる定住と化したわけだが、それでも人数は圧倒的だ。

もらう給料（米の石高）も多いから、士気も高いと思われる。戦闘は苛烈をきわめるだろう。江戸は火の海になるだろう。だいたい城攻めというやつは、攻め手が勝つにしろ、守り手が勝つにしろ、どっちにしても街は火を放たれるものと相場がきまっているのである。しかしその最悪の事態は、結局のところ回避されることになった。

新政府代表・西郷隆盛、および幕府代表・勝海舟が二度の会談をし、交渉をし、合意をしたことによる。会談日は三月十三日と十四日。つまり江戸城は、かろうじて前日に総攻撃をまぬかれたことになるわけだ。

その後の実務は、淡々としていた。四月に入ると新政府側の要人はつぎつぎと入城を果たしたし、五月には、徳川家を相続した六歳の徳川家達《いえさと》の、駿府七十万石への転封が決定した（二十四日）。

勝海舟（国立国会図書館）

家達および家臣団は、これにあっさりと従った。たしかに血は流れなかったのである。これをイギリス名誉革命とおなじ知的かつ文明的な達成と見るか、それともイギリス名誉革命とおなじ流血未遂にすぎないと見るかは人それぞれだが、しかし日本の江戸開城があれと大きくちがうのは、これ以後に、大規模戦闘が続発したことだった。

言いかえるなら、無血開城後に血が流れた。

五月十五日　上野戦争（天野八郎ら彰義隊が寛永寺で抗戦）
七月二十九日　北越戦争（河井継之助ら長岡藩兵が長岡城で抗戦）
九月二十二日　会津戦争（松平容保《かたもり》ら会津藩兵が若松城で抗戦）
（翌年）五月十八日　箱館戦争（榎本武揚《えのもとたけあき》ら旧幕兵が五稜郭で抗戦）

日付はいちおう、新政府側の勝利が確定した日で統一した。つまり旧幕側は全敗したわけだ。このうち上野戦争は、厳密には徳川家達の駿府転封決定より前に起きているけれども、とにかくこうして年表をながめていると、こんにちの私たちは、

――どうせやるなら、なんで開城前にやらなかったのか。

正直なところ、そう首をひねらざるを得ない。そのほうが兵力の分散も避けられたし、臣下の一分《いちぶん》も立ったろう。さんざん将軍の禄を食《は》んでおいて、いざその危急のときに指をくわえて敵の城入りを眺めておりましたでは、後世はもちろん、同時代に対しても、かっこ悪いことおびただしいのである。

（なおこの場合、もちろん長岡藩兵と会津藩兵は話がべつである。彼らは将軍直属ではなく、それぞれの藩主に属しているため、江戸防衛および江戸城防衛の義務はもともとない

からである。）

やっぱり旗本どもは、三百年の泰平ですっかり腰ぬけになってしまったのだ。尚武の心を忘れたのだ……という批判はかならずしも誤りではないけれども、私には、それも何となく後知恵という感じがする。

想像力が足りない。もうちょっと彼らの身になって考えるなら、もしかすると、彼らはそもそも江戸開城という事件自体をそう大したものとは思わなかったのかもしれない。

おどろくに値しない、とまでは言えないにしろ、

――あっても、おかしくない。

そんなふうに見ていた。

これを考えるとき参考になるのは、当時の用語である。当時の人々はもちろんイギリス名誉革命を知らなかったし、「無血開城」という語も知らなかった。「無血開城」は後代の歴史家が名づけた一種の概念語である。私がこれまで開城と呼んできた事件は、一般的には、お城の「明け渡し」と呼ばれたはずだ。

実際、西郷隆盛と勝海舟も、例の二日間にわたる交渉の席ではこのことばを使っている。そうしてこの「明け渡し」の語は、幕末にとつぜんあらわれたのではない。どころか徳川

期を通じて一種の流行語でありつづけた。その実例は全国に、つねに存在していたからである。

徳川時代は「無血開城」の連続だった

徳川期を通じて、幕府権力はおおむね絶大だった。

全国の大名から所領を没収することも、あるいは彼らを別の土地へ移動させることも容易だった。前者は改易、後者は転封という。

もしくは前者は「おとりつぶし」、後者は「国替え」とも。或る統計によれば改易はぜんぶで二百件以上、転封は三百件以上あったというからたいへんな数だ。なかば日常茶飯事である。そうしてこれらの実行には、当然いちいち城の明け渡しがともなうわけで、ほとんどの場合、じつに平和裡におこなわれた。

早い話が、赤穂浪士だ。これは幕末から数えると百六十年ほど前の話になるけれども、播磨国赤穂藩主・浅野《あさの》長矩《ながのり》がとつぜん江戸城内で吉良《きら》義央《よしなか》に斬りかかり、軽傷を負わせたため、幕府はただちに、

——浅野長矩には切腹を命ず。その所領は没収する。

典型的な改易である。家臣たちは全員解雇。浪人ぐらしの始まりである。のちにその家臣たちが、というより旧家臣たちが主君の仇《あだ》とばかり吉良邸に乱入して義央その人を殺害したことは、いうまでもなく後年、いわゆる忠臣蔵ものの芝居や小説となって一種の神話と化したけれど、考えてみれば、あの旧家臣たちは、それほど血の気が多かったにもかかわらず赤穂城の明け渡しのときは何らの抵抗もしなかった。

指をくわえて眺めていた、かどうかは知らないけれど、とにかく後任者をあっさり城に入れた。自分はあっさり出て行った。当時のことばでは「引き退《の》く」という。これはほんの一例で、ほかの改易二百件、転封三百件の場合にもほとんど混乱はなかったようである。接収はつつがなくおこなわれたのだ。もともと改易はともかく転封のほうは浅野長矩のごとき不祥事が原因とはかぎらず、単なる幕閣内の人事異動の反映にすぎないことも多かったから、その場合はなおさらいっそう抵抗の理由がなかったにちがいない。徳川時代とは無血開城の連続だった。ほとんど「引っ越し」と同義ではないか。

そんなふうに古今無数に存在する「明け渡し」のうちの最後のひとつがすなわち今回の江戸城なのであると、旗本たちは、もちろん口には出さないにしろ心のなかで思ったろう。

もともと平和的に事の運ぶほうが当たり前なのだと、理屈ではなく経験則で感じただろう。だからこそ彼らには、開城前に戦争すべしという発想がなかった。

城をまくらに討ち死にするとか、江戸を火の海にするとか、そういう行動を思い浮かべることがなかった。にもかかわらず開城後にあるいは上野寛永寺で、あるいは箱館五稜郭で、それぞれ抗戦した連中は、それはそれで臣下の一分を立てたと言うことができるのではないか。彼らはようやく事態の重さを理解した。徳川家達はただ駿府へ「転封」されたわけではないと気づくには、逆に言えば、それだけの心理的手続きが必要だったのである。

江戸の無血開城は「知的かつ文明的な」話し合いというよりも、こうした無意識のずるずる感というか、時代の余勢で実現した。この意味では西郷隆盛も、勝海舟も、江戸泰平の旗本たちもみな共犯者のようなものだった。あの名誉革命でロンドンを追い出されたカトリック推しの国王、ジェームズ二世が見たら何と言うだろう。

——日本人は、自我がない。

と軽蔑するだろうか。それとも逆に、

——大衆の知恵だ。

と賞賛するだろうか。なおこの国王はフランスに逃亡したあと、まだイギリスをあきらめず、逆襲とばかりアイルランドに上陸してさんざん兵士に血を流させたあげく惨敗した。

第二章　東京誕生（明治以後）

第六回　なぜ銀座は一時ベッドタウンになったか

その街はむんむん動物のにおいがした。猿芝居、犬の踊り、熊や虎の見世物小屋……浅草や両国ではない。銀座の話である。銀座に見世物小屋があったのだ。
とにかく毎晩たいへんな人気だった。明治八年（一八七五）八月三十一日付「郵便報知新聞」には、午前一時すぎまで騒がしかったとあり、

新橋よりゑびすやの辺が最も人通り繁《しげ》く……

うんぬんとある。もしも「ゑびすや」というのが松坂屋の別号をさすとしたら、現在のＧＩＮＺＡ ＳＩＸだろうか。新橋からだと人の列がそうとう長い。もちろん当時の新聞はしばしば平然と事実を誇張するので割り引いて読まなければならないが、のちに日本最

高級の商店街になり繁華街になる銀座の街も、こんな一時期があったことは確かだった。つまりはそれほど廃《すた》れていたのだ、と言うことができたら話は単純でいいのだが、ややこしいことに、当時の銀座は最高級の住宅街でもあった。その少し前、明治五年（一八七二）の火事で街そのものが丸焼けになり、政府が新しく、

――銀座煉瓦街。

というものを建てたのである。

災害復興事業である。これにより銀座通りは拡張されて現在とおなじ広さになり（現在の中央通り）、ガス灯が立てられ、その左右には二階建て、煉瓦造、ただし外壁を白く塗られた住宅がずらりと建ちならんだ。

　まったく非日本的な光景になったわけだけれども、くりかえすが住宅である。お客が呼べる街ではない。銀座はしょせん商店街や繁華街にはなり得ないと政府

曜斎国輝「従京橋新橋迄煉瓦石造商家之図」（国立国会図書館）

に見くびられたのである。

ここが銀座のつらいところである。何しろ立地が中途半端だった。商店街なら北に日本橋という徳川期以来の「都心」があるし（このことは第八回「なぜ早矢仕有的は丸善を日本橋にひらいたのか」でふれる）、繁華街なら南に新橋がある。新橋もやっぱり徳川期以来の花街だから、或る意味、東京でいちばん酒がうまい場所である。

その日本橋と新橋のちょうどまんなかにあって、どっちにもなれない無個性な街。ただ広大なだけの真空地帯。こういう場所が、極端にいえば、

――寝られりゃいい。

という場所になりやすいのは、むかしもいまも変わらない。銀座という街はこうして日本初の衛星都市、日本初のベッドタウンになった。そのくせ東には築地があり、当時は外国人居留地があったから、彼らの目も意識しなければならない。政府がけっこうなお金をかけて建物を煉瓦造にしたのはこのためである。

すなわち「銀座煉瓦街」はかならずしも銀座史の名誉とばかりは言いきれないのだが、そうなると、つぎの疑問は、そもそも銀座をこんな目に遭わせたのは誰かということ。ややスキャンダラスに言いかえるなら、誰が銀座を殺したか。

奪われた「銀座」の役割

結論から言うと、その犯人は大阪だった。

あの明治五年の火事をさらにさかのぼれば、銀座には元来、徳川幕府の銀貨鋳造所があった。この鋳造所の名がすなわち「銀座」、こんにちの地名の由来であることは人も知るとおりだが、よく考えてみれば、貨幣の鋳造とはたいへんな人間のいとなみである。金属をとかし、打ち延ばし、偽造防止の印刻をほどこす総合理工学プラントを運用しつつ、しかも国家の金融政策に即応する。

明治時代の銀座通り／『旅の家つと』
（国立国会図書館）

その場所はそうそう引っ越しできはしないし、また、してはいけないのだ。実際、おそらく維新時も、

――鋳造所は、ひきつづき、銀座跡へ設けよう。

という案もあったのではないか。だが結局のところ新政府は、明治二年（一八六九）というびっくりするほど早い段階で、それを大阪に設けることを決めた。

何とまあ五百キロメートルも離れたところへ移した

のだ。銀座は銀座を奪われた。新天地は幕府の材木置場跡。これがつまり造幣寮（現在の造幣局）である。そこでの「桜の通り抜け」がこんにち大阪の春の風物詩であることは、少なくとも大阪人には有名である。

なぜこんなことになったのか。それはおそらく、日本の首都と関係がある。日本の首都は、

――浪華《なにわ》に置くべし。

というのは、じつは維新直後というか直前というか、あの幕府相手の鳥羽伏見の戦いに勝った時点でもう新政府内の有力な案だった。

ことに大久保利通が強硬に主張した。理由の詳細ははぶくけれども、大久保は大阪が好きだったというより、京都だけは嫌だったのだろう。なぜなら天子のましますま御所のまわりには無駄と迷信と自尊心にみちみちた公卿どもが幅をきかせていて、そのとりなしに大久保はたいへん苦労していたからである。これから西洋諸国を追いかけよう、政治も経済も社会制度も一新しようという門出のときにこういう王朝の亡霊に足をぐいぐい引っぱられるのは、大久保には忍耐しがたいことだった。

ところがその後、江戸が無血開城と決定する。江戸は火の海になると思いきや、どうも

無傷で残るらしいのである。となると、

——首都は、江戸へ。

この論が、たちまち新政府内の主流になった。大久保も考えをあらためたようである。結局こちらが実現のはこびになったので、江戸は東京と改名し、天皇は江戸城（皇居）に住むこととなり、ひとまず遷都が完成した。

この間、わずか半年あまり。ただし造幣寮の計画は、このほんの一時《いっとき》の「大阪時代」において立案され、用地まで決められている。いまさら変更もできないというので、そのまま大阪に建ってしまった。

いやいや変更すればいいじゃないか、少々まわり道になっても一から東京で計画を立てなおすほうが結局は能率的だろうと言うのは事情を知らない後世である。何しろ貨幣づくりの可否というのは、近代史では国家存立の第一条件。欧米諸国に対して、

——俺たちは、ただの田舎侍じゃない。ちゃんと日本を統治できる。

ということを示すためには、論より証拠、大阪だろうが何だろうが即座にやらなければならなかった。造幣寮の創業式は明治四年（一八七一）二月。たった二年後。よほど急いでいたことがわかるだろう。造幣寮はこうして大判とも小判ともちがう近代的な硬貨を鋳

造しはじめたのである。

余談だが、この大阪における硬貨鋳造は、もちろん外国人の助言のもとにおこなわれた。まずはデザインを決めるというとき、イギリス人造幣寮首長T・W・キンドルが、

「世界では、硬貨には国王の肖像をきざむのが一般的である。君民相親しむ一助になる。日本もそうしたらどうか」

と勧めたところ、日本政府の返答は、

――不許可。

その理由は、

「天皇の尊顔へ、民衆のきたない手でふれるのは恐れ多し」

というものだったという。このあたり、洋の東西における君主のあつかいの差が如実にあらわれていておもしろい。とにかく大阪でこんなふうに工場が本格的に稼働すると、銀座のほうは仕事をなくし、ただ広大なだけの真空地帯になったわけだ。

そのあげく「銀座煉瓦街」なるベッドタウンになった。二階建て、煉瓦造、白い外壁。その上ふたをあければ入居者はあつまらず、空家だらけ。あんまり街なみが西洋的なため、価格も高いし、日本人には落ち着かなかったのだろう。昼はずいぶん静かだった。夜もお

なじだったのではないか。

そうして住宅街というのは、人が住まないと空気がよどむ。たちまち柄が悪くなる。これまた古今を問うことがない。かくして猿芝居、犬の踊り、熊や虎の見世物小屋があらわれて、郵便報知が取材に来た。のちの銀座の上品さ、はなやかさを知る私たちは、しばしば、

——この街の発展は、はじめから約束されていた。

などと言ってしまいがちであるが、それは安直な伝記本とおなじ。誰それは子供のころから英雄でした、立派でしたなどという結果論的な逆算にすぎないのである。

第七回　なぜ三菱・岩崎弥太郎は巣鴨を買ったのか

三菱財閥の創始者・岩崎弥太郎は、天保五年（一八三四）、土佐国安芸《あき》郡井ノ口村（現・高知県安芸市）で生まれた。

ずいぶん田舎だった上、身分は「地下《じげ》浪人」というものだった。半士半農というより実質的に農民である。それでも村の子供たちは寺子屋にかよう習慣があり、弥太郎もそうした。

弥太郎は、字がへただった。友達にそれを笑われると、

「へたでかまわん。出世したら能書家を雇って字を書かせる」

とうそぶいた。おなじ理由で、

「そろばんも、へたでいい」

それでも弥太郎は、安芸郡で一、二をあらそう秀才だったらしい。ことに漢詩づくりの

才は群を抜いていて、十四歳の春、高知城下へ呼び出され、藩の最高学府である教授館へ自作を提出し、試問を受けた。

二か月後には藩主・山内豊熙《とよてる》より金一封を賜わったというから試験は合格だったわけで、弥太郎も、その両親も、さぞかし鼻が高かったにちがいない。田舎者でも、低い身分の者でもとにかく読み書きそろばんを学ぶことができ、成績がよければ政権によって賞誉される。徳川三百年が築いた最大の国宝とは、この開放的な教育制度にほかならなかったのではないか。

「そろばんも、へたでいい」と言ったわりには、弥太郎は計数にあかるい人間だった。成長して藩に取り立てられたのもこの方面である。明治維新のときには三十四歳だったけれども、その職は、大坂商会という藩営の小さな商社（厳密には藩の一部局）の責任者だった。

この大坂商会がやがて廃藩置県をきっかけに藩の手をはなれ、弥太郎個人のもちものになるところから三菱の歴史が始まるのだが、この経緯は、おなじ財閥でも、たとえば三井とくらべると天と地ほどちがう。三井のほうは何しろ家祖・三井高利が江戸に呉服店・越後屋をひらいたのが延宝元年（一六七三）。

あの「現金掛値なし」の越後屋である。ほどなく京や大坂にも店を出した。弥太郎よりも二百年ほど前にはもう全国の一等地で一等人気の商売をしていたのである。幕府の御用達にもなった。資本の蓄積はおびただしく、両替商の兼業による金融方面の実績も豊富であり、その上で悠々と明治期に歩み入ったのである。

まことに大人と子供である。いや、赤ん坊である。その赤ん坊を急激に成長させ、わずか十年そこそこで三井の背中をうかがうまでにしたのだから、弥太郎はよほど忙しかったろう。事実、経営以外のことは何もせず、趣味に没頭した形跡もない。明治維新で成り上がった志士連中がこのんで手を出した骨董いじりとも無縁だったようである。

文字どおり「仕事ひとすじ」の会社人間。そんな弥太郎の、唯一、趣味らしいものが庭園だった。

これはけっこう好きだったらしい。井ノ口村の生家では自分でデザインもした。十坪にもみたぬ土地のなかに石をちょうど日本列島のかたちになるよう配したというから気宇壮大ではあるけれど、芸術のほうの才能はどうだったか。あまり恵まれなかったかもしれない。もっとも、弥太郎は、三菱を経営するようになってから、

「事業になやんだら立派な庭園を見に行く。なやみが晴れる」

という意味のことを言ったという。やっぱり趣味というよりも仕事の一部だった感じである。明治十一年（一八七八）には隅田川の東、当時は漠然と「深川」と呼ばれていた場所に広大な土地を買い、全国の樹石を投じて庭としているけれども、これもまた、はっきりと会社のためだった。

庭園は「深川親睦園」という名前になった。現在の清澄庭園（江東区）である。弥太郎はここへ毎年、春と秋には社員を呼んで宴をひらいたというから要するに保養施設であるが、この宴席のさい、彼が園内に掲げさせたという規則がおもしろい。

岩崎弥太郎（国立国会図書館）

当時としてはきわめて先進的な酒の飲みかたを示しているのだ。カギカッコは原文。

一、毎年春秋《はるあき》に社員親睦の目的で酒を置く。「人に敬を失する勿《なか》れ」。
一、酒を置くのは、歓をつくすためにとどまる。「一汁五菜に過ぐべからず」。
一、芸妓を呼ぶのは、酒をつがせるためである。

「猥褻《わいせつ》の具となす勿れ」。

一、酒量に制限は設けないが、適量を知り、「人に酒を強《し》ゆる勿れ」。

一、時間厳守。開会も散会も遅れるべからず。

この五か条をあえて一気に要約するとしたら「ほどほどにしろ」か。他人に対しても、料理に対しても、接待の女性に対しても、おのが酒量に関しても。ところがこれとおなじ明治十一年に、弥太郎はもうひとつ広大な庭を購入しているのだ。こちらはどうやら社用というより、仕事を離れて、自分ひとりの風流の場にしようという意図があったらしい。それがすなわち東京北郊の六義《りくぎ》園《えん》である。現在もおなじ名前で呼ばれていて、所在地住所は文京区本駒込だが、当時は漠然と「巣鴨」と呼ばれる地域内だった。

大名屋敷を次々と購入

六義園のほうは、深川親睦園とはちがって、或る程度「できている」庭だった。庭をつくったのは弥太郎よりも約二百年前の人物で、旧幕時代の側用人・柳沢吉保である。吉保はまだ二十代前半だったころから、第五代将軍・徳川綱吉により、ほとんど異常なまでの寵愛をあたえられたことで有名だが、その寵愛のしるしのひとつがこの四万六千坪の下屋敷だった。吉保はここへ七年をついやして樹石を入れ、池の水を引き、築山《つきやま》を築き、みずから六義園と命名したのである。

　命名の由来は、『古今和歌集』仮名序の説く和歌の六種の表現形式にある。庭の内容もやはり古今集ほかの古歌にまつわる八十八の景色を再現したというから凝りに凝っている。和歌のテーマパークだ。もちろん将軍綱吉その人をも何度もまねいたにちがいなく、その名園を、二百年後に、弥太郎はわがものとしたのである。

　そうして周辺の土地もつぎつぎと買った。旧幕時代には加賀藩前田家中屋敷、津藩藤堂家下屋敷、紀伊田辺藩安藤家下屋敷等だったところである（厳密には藤堂家の土地は宮内省との交換による）。これにより弥太郎のこの土地は二・六倍、いっきに約十二万坪にひろがった。

　十二万坪といえば、東京ドーム約九個ぶん。途方もない広さである。おそらく当時の巣鴨の半分くらいは占めたのではないか。幕末以来、苦楽をともにした腹心の部下である川田小《こ》一郎《いちろう》（のち日本銀行総裁）が、

「あんまり広すぎるが、何に用いますか」

と聞いたところ、弥太郎は、
「いずれは巣鴨から板橋まで買い上げ、国家の役に立つ仕事をやってみせよう」
と言ったそうなので、つまり弥太郎にも明確な目的はなかったわけだ。あったらそれを言うはずなのだから。

ここまで来るともはや庭のためとか何とかを超えて、購入そのものが目的という感がある。弥太郎自身、いっそ土地のほうで自分のもとへ歩いて来たかのような錯覚をおぼえたのではないか。どうしてこんなことになるかと言うと、それは、これらの土地が、元来はみな大名の下屋敷または中屋敷であることと関係があった。あの酒宴五か条の「深川親睦園」のほうもやはり久世家、戸田家、松平（右京亮《うきようのすけ》）家といったような大名の下屋敷だったのだ。

大名の屋敷地とは、建前の上では、将軍より拝領したものである。

事業のために借りたわけではない。あくまでも君臣関係のしるしなので「地代をよこせ」とは言われない。どれほどの面積を所持したところで経済的負担にはならないのである。それが維新後はいわゆる地租改正を経て、自由売買が可能になったかわり、国家へ地租を現金で納めなければならなくなった。

地租とは、不動産所有税である。その税額はもちろん面積に応じて決まるから、大名たちは、いや旧大名たちは、もはや屋敷地を上だの中だの下だのと二つも三つも持つわけにはいかなくなった。だいいちそこで生活させる藩士がもういないのだから、持つ必要もないのである。そういうわけで郊外のものから売りに出したのを、引き受けたのがこの場合は弥太郎だった。

現在の六義園

弥太郎はここにおいて、純粋に近代的な意味での「地主」になったのである。三菱といえば現在では丸の内のオフィス街があまりにも有名だけれど、丸の内よりも先に、この会社は、こうした郊外買いの経験がじつは豊富だった。

弥太郎は、五十一歳で死んだ。

先の「深川親睦園」や六義園の土地を買ってからわずか七年後のことだった。死因は胃がん。当時としてはめずらしい病気だが、弥太郎は或る時期から、強烈に心労にみちた日々を送っていたらしい。得意の海運事業において三井を中心とした強力なライバル会社があらわれ、消耗戦のような価格競争をしかけて来たのが原因かと思われる。岩崎弥太郎という仕事人間は、仕事に命を奪われたのかもしれないのである。

死の直前、半月ばかり六義園に滞在した。気分がいい日は椅子にすわり、それを輿《こし》のように持ち上げさせて庭をまわったとか。

古歌ゆかりの八十八境をぞんぶんに眺めることができただろうか。いや、きゅうに嘔吐したというから庭どころではなかったかもしれない。結局、弥太郎は本邸へと戻り、そこで息を引き取った。二百年前、あの柳沢吉保が、おなじ六義園で五年間ゆっくり隠居ぐらしをしてから死んでいることを考えると、何かしら、

——近代は、損だな。

そんなふうにも感じてしまうのである。吉保は吉保でいろいろ苦労があったにちがいないのだが。

現在、六義園は東京都の所有に帰している。一般公開もされている。私も最近見る機会があった。仮山泉石ことごとく場所を得て、たいへん上品なものだったが、それだけに土佐の地下浪人の出《で》の「仕事人間」弥太郎の顔が脳裡にちっとも浮かばないのはわれながら

おかしかった。墓所はこの近くにあるという。あの十二万坪のどこかなのだろう。

第八回　なぜ早矢仕有的は丸善を日本橋にひらいたのか

ハヤシライスはおいしい。薄切りの牛肉と玉ねぎをケチャップとウスターソースで煮こんで白いごはんにかけるという例のあれだが、いや煮こむのはドミグラスソースだとか、ごはんはバターライス一択だとか、こだわる人も多いだろう。一皿千円以上のものを出す店もざらにある由。

元来は、粗雑のきわみの料理だった。以下は明治初期の話と思われるが、「丸善」創業者・早矢仕《はやし》有的《ゆうてき》は、友達が来ると、たまたま台所に残っていた肉やら野菜やらをごった煮にして、ごはんといっしょに出したという。「丸善」とはもちろん現在もなお国内有数のブランド力を誇るあの書店である。

これがハヤシライスの起こりである。料理名はもちろん早矢仕の姓から……というのは一説にすぎず、ほかにも有力な説があるが、ここではまあ全員正解ということにして、注目すべきは、とにかく早矢仕がみずから料理したこと。いわゆる「男子厨房に入らず」の時代である。ふつうなら沽券《こけん》にかかわるとばかり妻や女中にやらせるところではないか。

ましてや彼はこのとき三十代の男ざかりだった。つまりそれだけ世間のしきたりを気にしない人だったわけだ。手先が器用でもあったから、要するに食えればいい、自分でやるほうが早いと思っただけなのだろう。

早矢仕有的という人は、こうした合理性最優先のエピソードに事欠かない。

「夏でも冬服で用が足りる」

と言って一年を一着で押し通し、そのためズボンの尻が破れたとか、床の間は本や新聞や瓶や鉱石でいっぱいだったとか。

生まれた双子のうちのひとりが生後まもなく亡くなると、メスをとり、みずから解剖したというのは何やら空恐ろしいものを感じるが、彼自身にはそれが誠意のしるしだったのかもしれない。もともと医者だったからである。美濃国笹賀村（現・岐阜県山県市）では評判の名医だったが、江戸に出て（まだ徳川時代だった）、坪井信道《しんどう》に蘭学をまなび、福沢諭吉に英学をまなんだ。

坪井信道の弟子のひとり緒方洪庵は福沢諭吉の師であるから、早矢仕はここで師の師の師と師にまなんだことになる。ややこしい話であるが、当時の日本ではまず王道というべき教育課程だった。

たぶん早矢仕は、医者をつづけたかったのだろう。みずから患者のいのちを救う西洋医学の開業医。それが福沢に、

——商売をやれ。

と勧められるにおよんで、明治二年（一八六九）、横浜に輸入商「丸屋」をひらいた。いまの丸善である。舶来の本や薬品などをならべて繁盛し、翌年には東京日本橋に最初の支店をつくったが、ふしぎなのは、その十年後（明治十三年）にはそれを本店にしてしまったことである。

つまり根拠地を横浜から移した。これはなかなか異例だった。なぜなら「丸屋」は、くりかえすが輸入商である。そうして横浜は日本初の開港場であり、街そのものが西洋文物の吸引機であるから、本店はそこへ置くほうが諸事便利のはずなのだ。それなのに……この疑問に対しての、昭和五十五年（一九八〇）刊『丸善百年史』（社史の名著である）の回答は、

——日本橋は、本屋が多かったから。

というものだった。「丸屋」の品ぞろえは洋書が中心だったから、こんにちでいう出版社や、問屋、古本屋までもが軒をならべる「書籍商業の中心地に進出」したのだと。

現在の丸善日本橋店

横浜＋日本橋のダブルイメージ

私はそれに異を立てない。ひとつのたしかな事実だろう（神田神保町に古本屋がふえるのはもう少しあとである）。しかしながら当時の日本橋は、本にかぎらず、あらゆる品物の中心地でもあった。

かつおぶしの「にんべん」、扇子や団扇《うちわ》の「伊場仙《いばせん》」などの現在もつづく老舗《しにせ》はもちろんのこと、お茶や蠟燭《ろうそく》、筆や墨などの問屋もあったという。全品完備の観がある。そこにはおそらく、この街が、徳川時代から五街道の起点だったという事情があるだろう。すべての街道が集まるところには人手が集まり、資金が集まり、諸国の物産がずらりと顔をそろえるのはむしろ当然で、おどろくには値しないのだった。

いってみれば日本橋は、国内を向いた開港場。街そのものが日本文物の吸引機。つまりは鎖国時代の横浜なのである。その日本橋でいちばん有名な呉服商の名前が「越後屋」というのは、そんなわけだから偶然ではない。創業者・三井高利はもともと伊勢松坂の生まれだった。

こういう日本橋の性格は、明治以降も変わらなかった。そういうところへ本店を置くことで、早矢仕有的は、おそらく二重の印象づけをねらったのだろう。

横浜の洋書を日本橋で売る。新来と旧来の国際都市。これがもしも横浜のままだったら丸善の印象はもっと超俗的というか、ごく少数の知識人相手という感じになっていただろうし、おなじ東京でも、たとえば「鉄道での運搬に便利だから」という理由で新橋あたりに本店を置いたとしたら、こんどは大衆的になりすぎていた。「丸善」の繁盛は、横浜＝日本橋のダブルイメージの勝利なのである。

早矢仕有的というあのみずから友人へ料理をふるまった「手の人」も、こういうときは非物質的な「印象」を優先した。君子豹変というべきか、一貫した合理性というべきか。

第九回　なぜエビスビールは目黒だったのか

目黒といえば目黒不動門前〔桐屋〕の黒飴。これはもう『鬼平犯科帳』ファンには常識だが、そのせいで架空の商品のように見えることも事実である。じつはこの黒飴は、半実在した。

「半実在」などと言うと何やら意味ありげだけれども、かの徳川後期に刊行された『江戸名所図会』にもちゃんと記事や挿絵が……などと、私もファンであるからして、ついつい身をのりだしてしまう。

説明も急ぎ足になってしまう。ここはいったん落ちついて、まずは『鬼平犯科帳』の復習から。

『鬼平犯科帳』は池波正太郎による時代小説シリーズである。昭和四十二年（一九六七）から二十年余にわたって「オール讀物」に連載され、作者の死により中断されたが、いまも全二十四巻の文庫版（文春文庫）で手軽に読める。電子版の合本もある。

中村吉右衛門主演のテレビドラマを見た人も多いだろう。主人公の長谷川平蔵は火付盗賊改方という一種の特別警察の長官で（この「長官」のルビはぜひとも「おかしら」でありたい）、その捜査の有能さから、江戸の街に暗躍する盗賊どもに、

——鬼の平蔵。

という異名をたてまつられている。

その略称がつまり「鬼平」というわけだが、この鬼の奥方である久栄《ひさえ》さんがまた凜然としていて、読者にファンが多いのだ。

ドラマでは多岐川裕美が好演した。夫の仕事へ口出ししたりはせず、あくまでも手料理をつくるとか、他愛ない話の相手になるとかの後方支援しかしないのだが、それでいて家《か》中《ちゅう》ではたらく奉公人はもとより、夫の配下の与力や同心までもがおのずから心服してしまう。長男の長谷川辰蔵など、父よりも、

「おふくろさまのほうがおそろしい」

とまで言うほどで、その彼女にしてからが、

「あの飴を口にすると、何やら幼い日のことがおもい出されてなりませぬ」

顔をほころばせる。それが〔桐屋〕の黒飴なのだ。

そんなわけで同心たちも、鬼の平蔵も、市中巡回などで目黒不動へ行く用があるおりには〔桐屋〕へ立ち寄り、おみやげに一袋をお買い上げとあいなる。久栄はよろこぶ。読者はそこに、息づまるような捕物の日々における心あたたまるコーヒーブレイクを見ることになるのだ。

この黒飴が「半実在」したと冒頭で言ったのは、まず〔桐屋〕そのものは実在した。目黒不動門前のおみやげ屋としてよほど有名だったらしく、徳川後期に刊行された名所案内本『江戸名所図会』にも記事や挿絵が掲載されていることは、これまた前述のとおりである。

ただしその「目黒不動堂」の項より、当該部分を現代語に訳して引用すれば、

この地ははるかに江戸府内を離れるけれども、参詣者は絶えぬ。ことに一月、五月、九月の二十八日などは前日から終夜にぎわっている。（中略）門前は五、六町にわたって道の左右に店が軒をならべている。粟餅、飴、および餅花のたぐいを売る店が多い。

つまり「飴」としか書いていない（この引用はこれから何度か言及する）。しかも挿絵をよく見ると、〔桐屋〕の店の奥には長い台があり、何本もの棒状の飴が置かれている。それをチョンチョンと切って店頭に盛り、袋に入れて売っているらしい。飴にはどういう模様もなく、黒く塗りつぶされておらず、つまりは白の表現である。〔桐屋〕の黒飴は、じつは白飴だったのだ。半実在とした所以《ゆえん》である。もちろん作者の池波正太郎はこういう史実を知った上で、あえて創作をほどこしたわけだ。

この創作は、同業者たる私としては、嫉妬したくなるくらい巧みだった。「目黒の黒飴」と同義反復ぎみの設定にしたことで語調もよくなるし、味の様子もはっきりするし、何より名物というものの俗っ気というか、大衆性があらわになる。

さながら東京名物「東京ばな奈」みたいなものである。ちょっとちがうか。もっとも、逆から見れば、この目黒の名物はいじりやすい、すなわち改変の手を加えやすいということでもある。なぜならもともと江戸時代においても、飴などというのは水飴と火と職人があればどこでも作れるし、どこでも売れるものだったからだ。

目黒という土地のどんな地勢的特徴をも前提としていない。どんな地場産業にも立脚していない。飴という菓子は、いってみれば本籍がない商品なのである。こんにちの選挙になぞらえるなら落下傘候補。その土地にどういう地縁も血縁もない、とつぜん降ってきた候補者。

　これがもしも伏見の酒とか、桑名の焼きはまぐりなどのような、その土地の特徴に完全に依存している商品だったとしたらどうだろう。

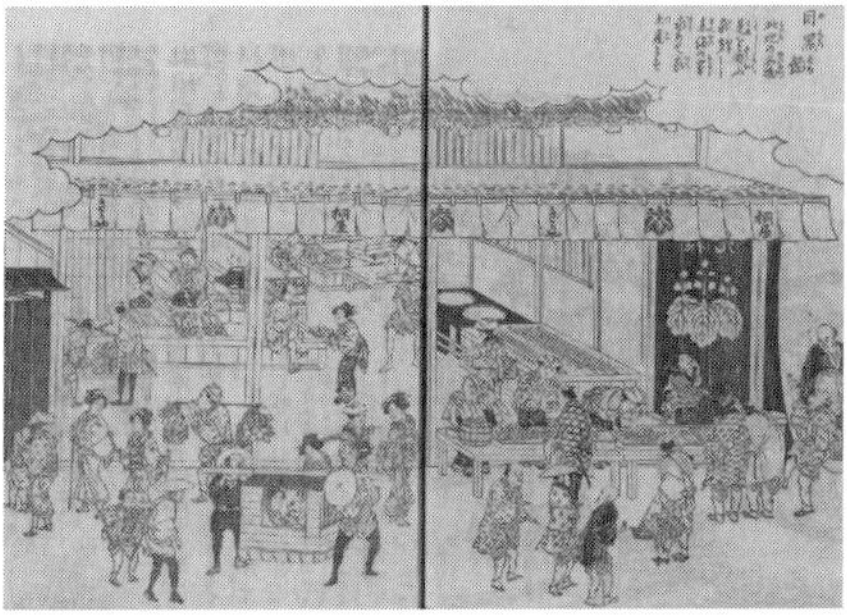

目黒名物だった飴の桐屋／『江戸名所図会　第三巻』（国立国会図書館）

　伏見では良質の地下水が得られたし（だから酒が良質になる）、桑名には大きな干潟があった（だから大粒のはまぐりが取れる）。さすがの池波正太郎でも白を黒にするのはむつかしく、たとえば「桑名の焼きあさり」は違和感がある。鬼平の奥方の久栄さんは、史実どおりに白飴を口にするほかなかったわけだ。

　しかしそれならば、地縁も血縁もないならば、どうして〔桐屋〕の飴はそんなに有名になったのか。これへの答はかんたんで、目黒不動そのものが落下傘だったのだ。

　目黒不動は、正式には泰叡山瀧泉寺《りゅうせんじ》という。

平安時代の大同三年（八〇八）、天台宗の高僧・円仁が旅の途中でこの地にとどまり、不動明王を夢に見たという寺伝があるけれども、まあ寺伝である。こんにちの隆盛はまず江戸幕府三代将軍・徳川家光の保護にはじまると見ていいだろう（ついでながら「瀧」の字の音《おん》はロウ、ソウ、リョウなどであり、ふつうリュウとは読まない）。

或る日、家光がこのへんで鷹狩りをしたところ、愛鷹がどこかへ飛んでいってしまった。それをこの寺の住職がみごと祈禱により帰って来させたところから家光の帰依がはじまったとか。

なるほど円仁の場合とは異なり、こちらのほうは、それに類する事実もあったのかもしれない。しかしながらいくら何でも天下の将軍ともあろう者がたかだか鷹一羽のために寺ひとつに金をつぎこんで江戸随一の不動堂にまで発展させたとは考えにくいから、察するに家光には、べつの意図があったのではないか。この目黒という何もない江戸城南西の郊外の地に、

――庶民信仰の場を、ひとつ作ろう。

そんな意図が。

落下傘観光地

庶民信仰というと何やらご大層だけれども、要するに娯楽の提供。その意味において、目黒不動というところは、日本初の観光地といえるかもしれない。観光地だから、その後の発展も、おのずから俗っ気とともにあることになる。

何しろ先ほどの『江戸名所図会』の引用からも察せられるとおり、一月、五月、九月の二十八日には縁日が立って大にぎわいだったし（現在は毎月）、そうでない日も参道ではたくさんの店が客をむかえた。

その距離は、やはり先ほどの引用に「五、六町にわたって」とあるから、だいたい五百〜六百メートル。当時としては異例の長さだったろう。ほかにも境内では富くじ（一種の宝くじ）の抽選会がおこなわれ、幕府もそれを認可した。公営ギャンブルとまでは呼べないけれども、それに近いイベントの会場になっていたわけだ。

もちろん寺の僧たちは至極まじめに勤行《ごんぎょう》していたにちがいないが（現在もそうだろう）、それはそれとして大衆性はふんだんにあった。そうして縁日も、富くじも、やはり飴と同様「どこでもできる」もの。目黒不動という家光の手によって落とされた落下傘観光地がこうした落下傘名物のかずかずによって有名になるのは、或る意味、当然の帰結というべきだろう。それが目黒にあることは、いわば「たまたま」にすぎないのである。

（ちなみに言う、当時の目黒不動門前では、ほかに「たけのこめし」も有名だった。目黒には竹林が多かったからである。これなどは地勢と関係ありそうに見えるけれども、じつはやはり落下傘だった。近隣の農家が、これまた近隣にあった薩摩藩邸から孟宗竹《もうそうちく》の株を分けられたのがきっかけなのだ。薩摩藩は中国から輸入したらしい。孟宗竹はたけのこがたいへんおいしい種である反面、繁殖力がつよく、全国どこでも採り得るものだった。）

とはいえ、観光地は目黒不動だけではない。江戸時代というのはまた名所があちこちへ人為的につくられた時代でもあるので、その例としては、さしあたり第八代将軍・吉宗によって桜の苗木がたくさん植えこまれた北の郊外の飛鳥山、および南の郊外の御殿山あたりを挙げておこう。そうして、それよりもさらに巨視的に見るならば、そもそも江戸という都市自体がもう徳川家康という三河出身の、それこそ地縁も血縁もない究極の落下傘候補によって建設された落下傘首都といえる。

江戸そのものが「よそ者」なのだ。しかしそのなかでも日本橋や、神田や、上野や、浅草や、本所や深川などがそれなりに地勢を生かし、産業を育ててその土地らしさを身につけていったのに対し、目黒には、目黒らしさはついになかった。

日本麦酒会社目黒工場／『日本商工大家集』（国立国会図書館）

あくまでも落下傘の落ちどころでありつづけた。幕末に幕府の煙硝蔵《えんしょうぐら》（火薬庫）が設けられたのもしかり。その煙硝蔵が維新後、海軍に引き継がれ、目黒火薬製造所となったのもしかり。競馬場もしかり。これはのちに府中へ移転したが。

しかし何と言っても近現代において存在感があるのはビール工場だ。目黒の地には、明治二十二年（一八八九）、日本麦酒醸造会社が巨大な製造工場をこしらえたのだ。

そこで生み出されたのは「恵比寿麦酒」、こんにちのヱビスビールである。おりからの国内におけるビール需要の高まりを受けて、よほど意気軒昂な出発だったと思われるが、どうして目黒をえらんだのかについては、昭和三十六年（一九六一）刊の『目黒区史』ですら、工業用水として三田用水を利用することができるという立地条件を買われたにすぎなかった。


とそっけない。

会社の出資者にも目黒の人はいなかったらしい。のちにこの工場が出荷専用の貨物駅をつくるにあたって、駅名をあっさり「恵比寿」としてしまったのも、逆に見れば、元来この地には、それに文句をつけるだけの地名の力がなかったということになる。

その後もやっぱり抗えず、結局のところ、いまは客扱いもして山手線「恵比寿」駅になっている。商標名が駅名になったのは東京ではここだけではないか。コラムニストの泉麻人氏は、中学生のころ、慶応義塾中等部への通学のために山手線を使っていた。

おそらく新宿から乗りこんで、途中、恵比寿の先にさしかかると、ツウンと苦い酵母のにおいがしたとか。昭和四十年代のことと思われる。その工場も現在はすっかり取り壊され、恵比寿ガーデンプレイスという複合施設になって久しい。そこには店舗あり、レストランあり、オフィスあり、美術館あり、毎月いろいろのイベントあり……目黒不動の現代版だ。

江戸・東京の中心地から遠くもなく近くもなく、したがって都会にも農村にも宿場町にもなることができず、良質の地下水もなければ干潟もない、そのくせ人が来やすい目黒には、こういう便利屋になることが唯一の生きる道だった。あの落語に出て来る殿様の「さんまは目黒にかぎる」というせりふが現在これほど人口に膾炙《かいしゃ》しているのも、結局は、それがいちばんこの土地の本質を言いあてているからではないか。

第十回　なぜ「東京駅」は大正時代まで反対されたか

東京駅ってなんて小さいんだろう、と思うことがある。
もちろん現在のそれは一日あたりの列車発着本数が四千百本という日本のまさしく大玄関なのであるが、しかしたとえば丸の内中央口から少し皇居のほうへ歩いたところで振り返ると、意外にも、赤煉瓦の駅舎はあっさり一望できてしまう。プロポーションが極端に横長であるにもかかわらずである。

もともと人間の視野そのものが横長だからでもあるにちがいないが（テレビやPCのディスプレイの形状はこれに対応したもの）、それ以上の理由はたぶん、皇居にむかって建っていることだろう。皇居とくらべれば、どんな建物もまあ大きさを誇ることはできない。東京駅の開業は大正三年（一九一四）十二月十八日、いまから百年あまり前の冬であるが、設計者・辰野金吾はこの点ちょっと損をした。

　ところでこの東京駅、建設中はべつの名前だった。「中央停車場」。ここでの中央とは東京のまんなかというよりも、むしろ鉄道網の核心というような意味だっただろう。何しろ当時の路線図を見ると、まるで円形のバリアでも張ったかのごとく、そこだけぽっかりあいている。

　こんにちの路線名・駅名でいうなら東海道本線は新橋で、中央線は飯田橋で、東北本線は上野で、総武線は両国で、それぞれバリアに阻まれて内部へ入りこむことができない。

　だから乗客がたとえば大阪から青森へ行こうと思ったら、新橋－上野間の路線がとだえる。市電かバスで移動しなければならない（現在の東京メトロ銀座線の開通は昭和九年〔一九三四〕）。なかなかの距離である上に、貨物はさらに面倒である。当時の鉄道には軍需物資をはこぶという、或る意味、人間をはこぶより重要な使命があった。

「中央停車場」という駅名は、まずまず理由があったのである。それが「東京駅」になった。正式に決定したのは大正三年十二月五日付の鉄道院総裁達一一三号による、ということは開業のたった十三日前。ぎりぎりもぎりぎり、看板などの用意は間に合ったのかと余計な心配もしてしまうほどだが、どちらにしろこの余裕のなさは、はしなくも、鉄道院内部でよほどの議論があったことを露呈してしまった。反対派がそうとう粘ったわけである。

「東京駅」反対派の論拠のうち、いちばん目立ったのは、

――東京は、ここだけが東京じゃない。神田も赤坂も目黒もやっぱり東京じゃないか。

というものだった。この主張は一理あるように見えて、じつは大きな隙があった。この時点ではもう大阪には大阪駅があったし、京都には京都駅があったからである。しかも大阪駅は明治七年（一八七四）開業、京都駅は明治二十八年（一八九五）改称だから（それ以前は「七条停車場」だった）、先例はずいぶん前に成立していた。


それをなんでいまさら蒸し返すんだ、おかしいじゃないかと言われれば答に窮するのは当然であり、だからこそ結局は言い負かされたわけだけれども、しかしとにかく、くりかえすがこの反対論はぎりぎり開業十三日前まで粘りぬいたわけで、べつの言いかたをするならば、大阪や京都ではすんなり決定したものが、東京では揉めた。それほど「東京駅」は違和感があったということなのである。

頼りない地名「東京」

ここに東京という街のおもしろさがある。その違和感の理由はいろいろ考えられるが、いっとう根本的なのは、そもそも彼らが東京という地名に慣れていなかったことだった。

東京駅／『東京百建築』（国立国会図書館）

ここで言う「彼ら」とは、駅名をきめる局長会議に出席した人ととらえてもいいし、一般市民ととらえてもいい。大阪や京都の人々はちがった。おのが地名になじんでいた。

ずっと前から存在していたからである。もちろん徳川時代には大阪は表記が「大坂」だったし、京都は「京」「京師《けいし》」「みやこ」などと称されたが、心理的には連続性がある。むかしとつながる実感がある。

だから駅名に採用しても「まあいいか」とわりあい大様《おおよう》になれたのである。いっぽうこちらは、もともと江戸という名前だった。東京などという地名はごく最近、そう、東京駅の完成から見ればたかだか五十年くらい前にとつぜん世にあらわれたものにすぎず、それも江戸っ子がみずから変えたものではない。維新の元勲といえば聞こえはいいが要するに田舎から来た志士あがりの連中がどさくさまぎれに押しつけたものにすぎない。要するに徳川時代には神田も赤坂も目黒もあった。ただ東京だけがなかったのである。

それくらい頼りない地名であってみれば、あの「中央停車場」案にぎりぎりまで土俵を割らせることができず、薄氷の勝利を余儀なくされたのも無理はなかった。逆にいえばここで「東京」はようやく市民のものになったわけで、私には、この東京駅開業の日こそが真の東京の生誕の日であるように思われる。こんにちあの駅の駅舎がこんなに小さく見えるのも、ひょっとしたらそのせいかもしれないのだ。

人間の視野が横長とか、目の前に皇居がとかいう以前に、そもそもその生誕の残像がいまだ消えていないから。赤んぼうの絵が重なるというか何というか。なおロンドンにロンドン駅はなく、ニューヨークにニューヨーク駅はない。

第十一回　なぜ野間清治は講談社を音羽に移したのか

講談師・神田松之丞が真打に昇進し、伯山（六代目）を襲名したのは令和二年（二〇二〇）二月。伯山は四十四年ぶりに復活した大名跡だそうで、私ごとき歴史作家には対岸の火事……と言いたいところだが、じつは密接な関係があるという以上に、何というか、講談師という人々そのものと血をわけた兄弟のようなところがある。

その兄弟の父親は、さしずめ講談社だろうか。あの大手出版社の講談社である。創業者の名は野間清治《せいじ》。

明治十一年（一八七八）、群馬県山田郡新宿村《しんしゆくむら》（現・桐生市）に生まれた。くしくも私とおなじ生地である。両親は武士だったけれど、維新で俸禄をうしなったのだろう、剣術ものの旅芝居をして暮らしていたというから決して社会の指導層ではない。清治自身はそうとう頭がよく、高等小学校、師範学校と進学し、東京帝国大学文科大学臨時教員養成所に入り、教職なども経たあげく、同大法科大学の首席書記にむかえられる。首席書記というのは、こんにちでいう事務局長くらいだろうか。時あたかも弁論の時代だった。学生たちも弁論部をつくり、

――演説会をやろう。

という気運がもりあがったが、こういうとき戦前の学生というのは、学生だけではやらない。教授をまきこむ。

教授もこころよく参加する。これは戦後まもなくまで残っていた教育界の美風だった。演説会は学内の一教室でおこなわれ、弁士には錚々たる顔ぶれがそろった。

梅謙次郎（教授）
三宅雪嶺（哲学者、大学ＯＢ）
松波仁一郎（教授）
岡田良平（文部次官）

学生たちも、少なくとも七人は弁じたらしい。そのなかには第二次大戦後に総理大臣をつとめることになる芦田均もいたというから、こちらもやはり粒ぞろいだ。首席書記たる野間清治は、もちろん準備に奔走した。奔走ついでに、

――事務屋で一生を終わりたくない。

あるいはもっと明確に、

――雑誌を、やりたい。

その気概があったのだろう。この贅沢きわまる内輪の会での演説のすべてを筆記させた。自発的な努力ともいえるし、事務屋の役得ともいえる。

筆記の手段は、速記だった。

速記というのは、いまはもうNHKの国会中継くらいでしか見られなくなった感があるが、当時最新のインフォメーション・テクノロジーである。それで演説をぜんぶ文章にして、体裁をととのえ、さらに小さな記事や写真なども加えて雑誌「雄弁」を出したところ、この素人雑誌が大あたりした。

野間清治（『講談社の歩んだ五十年 明治・大正編』より）

一般に雑誌というのは三千部売れれば成功とされていた時代に、何とまあ六千部が即日完売したという。最高の思想を最高に平易にというのは、むかしもいまも、読者の最高にもとめるところなのだろうか。野間清治は一躍、帝大的、本郷的エリート主義のスポークスマンとなったのである。

「雄弁」はそれから二号、三号とつづいた。順調なすべりだし。この成功に気をよくして、野間が、

「つぎは『講談倶楽部』を出そう」

と言ったときの大学関係者のおどろきはどれほどだっただろう（厳密には誌名はまだ決まっていなかったが）。何しろ講談というのは寄席《よせ》の芸である。歴史上有名な御家騒動だの、かたき討ちだの、軍《いくさ》物語だのを調子をつけて、パンパン張り扇たたきつつ読んで聞かせるのであるから「雄弁」の正反対。

それこそ帝国大学的意識からすれば、低級、通俗、軟派のきわみとされるものだった。もちろん野間は、まわりの人に「やらないか」と持ちかけられたというのもあるし、野間自身、

——さらに売れる雑誌を。

という野心もあっただろう。巷間《こうかん》における講談の人気は、当時、絶頂期にあったからである。

しかし私はもうひとつ、もっと実務的な問題として、

――この俺が、いちばん有利だ。

という計算もあったとにらんでいる。なぜなら野間には速記者の人脈があった。最新のインフォメーション・テクノロジーを駆使して人気のコンテンツを作成する、その方法をすでにして手中にしている。帝大教授の弁論も、講談師の立て板に水も、技術の前では平等なのだ。

野間はそれを実現させた。「講談倶楽部」を発刊し、その版元として講談社を創立したのである。

成功と続く試練

版元住所は東京市本郷区駒込坂下町、野間その人の自宅だった。もちろん帝大文化圏である。「講談倶楽部」は苦戦した。野間清治のデビュー作というべき「雄弁」創刊号が六千部を即日完売したことは前述したが、そのわずか一年後の「講談倶楽部」はあっぱれ一万部を印刷し、そうして千八百部しか売れなかったのだ。

苦戦というより惨敗だった。しかもその千八百部という数字がわかるまでに、当時の流

通事情では三か月も四か月もかかる。野間はそれと知ることなく、第二号も第三号もやっぱり八千部刷ってしまった。

借金もかなり背負ったらしい。奥さんの佐衛《さえ》さんは後年、

「あの除夜の百八つの鐘の鳴り終ったとき、本当にほッとしましたね」

と言ったとか。当時はまだまだ徳川期の慣習がのこっていて、大みそかは一年の借金がまとめて精算される日だったのである。さだめし本郷の野間家には朝から借金とりが次々と来たのではないだろうか。

それでも野間は、あきらめなかった。もしもあきらめていたら当然こんにち講談社はなかったわけであるが、当時の読者もその存在に気づいたのだろう。「講談倶楽部」はだんだんと売れて、一年後には利益が出はじめた。ようやく金利くらいは返せるようになったかと胸をなでおろし、大学書記の職も辞したと思ったら、野間はあらたな試練に襲われる。

競合誌の登場である。神田旅籠町《はたごちょう》の楽文社という版元が、その名も「講談世界」なる雑誌を出しはじめたのである。しかも後発誌のつねとして、口絵が多く、微妙に野間の上を行くつくりだった。

野間は愕然としただろう。このあたりは何だか大正時代というよりは現代の話を聞いて

いるような気もするけれど、ともあれこういう情況になると、一躍、発言力が高まる人々がいる。誰だろうか。

速記者だった。何しろ講談そのものは東京中いたるところで演じられていたが（くりかえすが絶頂期である）、それを文字にするのは彼らしかできない。情報の独占支配である。それだけでも立場が強いところへもってきて、この二誌目の登場により、

――どっちへ売るか。

彼らは、その選択権も得たのである。

野間に対しても、値上げ交渉をしたらしい。しかし野間のほうから見ると、金銭以上にこたえたのは、速記者側から、

「浪花節は、やめろ」

と言われたことだった。

「講談倶楽部」はたしかに浪花節（浪曲ともいう）も載せていた。浪花節もやはり寄席の芸で、これは三味線を使う。いうなれば伴奏つきで赤穂浪士ものを歌う。義理人情をうなる。

ことに桃中軒雲右衛門《とうちゅうけんくもえもん》あたりの独演会はたいへんな客入りだったから、講談師はおもし

ろくなかっただろう。そういう講談師の不満を代表して、あるいはそれを口実に金銭的譲歩をひっぱり出そうとして、速記者たちは野間を攻め立てたのである。ライバル誌の「講談世界」は、浪花節は掲載していなかった。

野間は、よほど悩んだと思われる。何しろ「講談倶楽部」が講談の供給を絶たれるのだから、こんにちで言うと月刊「ザテレビジョン」が全テレビ局から取材拒否を受けるようなものだろうか。とはいえ人気があるとわかっていて浪花節を切り捨てるのもむつかしい。読者はそれをもとめているのだ。結局、野間は速記者たちの申し入れを拒否した。

「局外者によって編集方針を指揮命令されるのは、これを甘受することができない」

と回答したのである。

編集権という語のなかった時期に、その実質を敢然と主張したことになる。日本の出版史上、特筆されていいせりふだろう。もっとも、その裏には、経営者としてのしたたかな勝算があったことも事実である。野間はこう考えたのだ。

――口やかましい速記者どもに依存する必要はもはやない。これからは文筆家に依頼して、最初から講談ふう、速記ふうの文章を書かせるのだ。お手本はこれまでの号にじゅうぶんな数があるのだから。

こうして「講談倶楽部」は、この雑誌が「新講談」と名づけたものを載せはじめた。「書き講談」とも呼ばれる。その文体は最初はぎこちなかったけれど、だんだんと小説ふうになり、しかも従来の歴史ものの小説のそれとは一味も二味もちがうものになった。その変化をひとことで言うなら、文語体から口語体へ、ということだろうか。

画期的な小説文体

従来の歴史ものの小説は、村上浪六、半井桃水《なからいとうすい》などが有名だけれど、文語体、つまり漢文くずしのような文体で書かれていた。たとえば村上浪六『破太鼓《やれだいこ》』の冒頭ちかくはこんな具合である。

寛文六年十月九日、赤穂の藩士に警護《まも》られて今日《けふ》や見終《みおさ》めと江戸を立出《たちい》で、秋は馬追ふ鈴の音さへ一しほ身に染《し》む東海道を、水の流れや人の末と唄はれながら辿り〳〵て尾《お》張国《はりのくに》、ここは熱田《あつた》に近しと聞けど罪輿《ざいよ》の中は森の葉色《はいろ》も移らず……

『破太鼓』は明治二十五年（一八九二）に「東京朝日新聞」に連載されたものだが、おそらくは当時の講談師の語り口もこれとあまり変わらないものだったろう。こういう江戸の余香でむせ返るような文章が、口語体という、二十一世紀の私たちの当たり前に見るような、おしまいにダ・デアルやデス・マスが来る文体になったのである。これは画期的なことだった。

もちろん電灯のスイッチさながらに明快に切り替わったわけではない。その変化はじわじわとした、しかし足どりのたしかなものだった。その変化後のいくらか洗練された姿を、私たちは、たとえば子母澤寛『新選組物語』（昭和六年）に見ることができる。最初の一篇「隊士絶命記」の冒頭ちかくは以下のとおり。

いいお天気の日で、蟬《せみ》の声が降るようだ。丈《せい》の高い肩幅の広い総司が、白地の単衣《ひとえ》を着て、ふらふらと庭へ出る。すぐ前の植溜《うえだめ》の、梅の大きな木の根方に、黒い猫が一匹横向きにしゃがんでいるのを見た。

「ばアさん、見たことのない猫だ、嫌《い》やな面《つら》をしている、この家のかな」

と訊く、然《そ》うじゃアなさそうだと答えると、

「刀を持って来て下さい、俺アあの猫を斬って見る」

「総司」はもちろん沖田総司。この文体がこんにちのいわゆる歴史小説、時代小説の基礎をなしていることはいまさら断るまでもないだろう。私たちが学校で勉強する表通りの文学史では、日本語の文体を文語体から口語体へと転換したのは二葉亭四迷『浮雲』、山田美妙『夏木立』などのいわゆる言文一致運動ということになっているが、あれは書くほうも読むほうも知識階級に属しており、運動というよりは高級な実験のようなものだった。

もっと広範な読者への影響力となると、この新講談または書き講談のほうがはるかに大きかった。読者も読んで楽しかったのだろう、例の野間清治の拒絶以降、「講談倶楽部」の売上はさらに伸び、例のライバル誌を圧倒した。野間の判断は正しかったのである。

野間の会社は、それからどんどん大きくなった。「少年倶楽部」「面白倶楽部」「婦人倶楽部」などの派生的な雑誌を出すようになり、これがまた大あたりした。野間は雑誌王などと呼ばれるようになった。そうなると問題は社屋である。例の本郷の自宅は増築に増築がかさねられ、気がつけば、社員でさえも迷うほど間取りが複雑になっていた。

業務の効率という点でも、よほど深刻だったのではないか。

——べつの場所に、もっと大きな新社屋を建てよう。

と野間が考えたのは当然としても、ふしぎなのは、その新社屋を建てたのが本郷の西、音羽の地だったこと。当時の音羽はかなりの田舎だったからである。

音羽は「辺境の地」だった

何しろそこから西はもう池袋だし、当時の池袋は東京市外だった（くわしくは第十六回「なぜ堤康次郎は西武池袋線を買ったのか」で述べる）。つまり音羽は東京の辺境の地だった。あんまり道路もよくなかったらしいことは宮沢賢治の手紙でわかる。賢治はこの時期、このへんの旅館に半年ばかり滞在して近くの病院（東京帝国大学医学部附属医院分院、通称永楽病院）へ日参していた。そこには妹トシが腸チフスの疑いで入院していたので、看病をしに行ったのである。

当時、賢治は二十三歳。ふるさと花巻の父・政次郎へあてた手紙のなかで、妹の病状について報告したあと、

> 当地は本日も雨天に御座候へども暖くて却つて結構に有之但し道路は花巻より遥に悪く相成り候。

と記している（大正八年〔一九一九〕一月十一日付）。賢治の目には、音羽とは雨がふれば道がぬかるみと化すような地、花巻にも遥かに劣る地だったのである。

そんな場所をあえて選んだのはなぜか。「社員を浮薄な会社員風に染ませたくない」からだというのは『講談社の歩んだ五十年』昭和編の述べるところである。一見もっともらしく聞こえるし、野間自身そんなふうに言ったのだろうが、よく考えると理由にはなりにくい。もともと本郷だって決して浮薄ではなかったからである。何しろ帝大文化圏、日本の一等文明地なのだ、引っ越し先もまた本郷か、あるいは本郷周辺のほかの土地にする手はじゅうぶんあった。私の見るところでは浮薄うんぬんは一種の仮面ないし韜晦《とうかい》で、本音はべつのところにあったのではないか。音羽へ行きたかったというよりも、野間はむしろ、なるべく本郷から遠ざかりたかったのだ。

あけすけな言いかたをするならば、帝国大学の先生とのつきあいが荷厄介になったのである。そんな気がしてならないのだ。これはひとつには「雄弁」の部数ののびなやみという事情もあるだろう。もともと一定以上の数の読者が見こめるような内容ではないにもかかわらず発刊以来の恩義があるから先生方にはいろいろ気を使わなければならないし、依頼や要求があれば聞かねばならない。ただこの場合、そういう経営的、世俗的な億劫《おっくう》さよりも大きいのは、野間個人の感情だった。彼の、

――大衆のなかにこそ、真実がある。

という思いは年を追うごとに強くなり、ほとんど信仰の域にまで達していたのである。

野間の両親は、没落した指導層だった。

明治維新で俸禄をうしない、剣術ものの旅芝居をして暮らしを立てていたことは前に述べた。その両親のもとに生まれた、しかもそうとう頭のよかった野間にはたぶん深い屈折というか、衝動のようなものがあっただろう。エリートよりも大衆へ、高級なものより卑近なものへ、むりやりにでも心を寄せたい激しい衝動。

その集大成のひとつこそ、この音羽への引っ越しだったのではないか。野間はこの瞬間、経営や編集とはまったく異なる次元において「雄弁」よりも「講談倶楽部」をえらんだのである。なお野間は、ひとり息子の恒《ひさし》には大学どころか中学校にすら進学させなかった。成績優秀にもかかわらずである。

新社屋への引っ越しは、昭和九年（一九三四）におこなわれた。

まさしく出版のみならず、社会のあらゆる分野において戦前の大衆文化がピークをむか

えたところである。映画界では大河内伝次郎主演の『丹下左膳』が大ヒットしたし、スポーツ界では府中に東京競馬場ができたし、鉄道界では地下鉄道が浅草から新橋まで延伸して押すな押すなの大混雑だった（現在の東京メトロ銀座線の一部）。野間は五十六歳だった。四年後にはもう狭心症で急死してしまうので、これはまた彼の人生のピークでもあったかもしれない。

講談社本館

　戦後になると、皮肉なことに、音羽の地にはその「高級」が追いかけて来た。本郷とともに文京区に属することとなったのが事の始まり。区域のほとんどが山手線内にあるという立地条件もかさなって、都内屈指の品格の街になった。

　なかにはその高級感にあこがれてわざわざよそから引っ越して来る家庭もあるというから野間とは正反対である。講談社は現在も音羽にあり、例の建物も現役だけれど、いまや歴史小説、時代小説のみならず純文学や学術の本もつぎつぎと出しているのも何かしら暗合めいている。あの六代目神田伯山も社内の講堂で講談をやったそうである。

第二章　関東大震災

第十二回　なぜ後藤新平は震災復興に失敗したのか

明治十五年（一八八二）春の時点で、わが国には、板垣退助ほどの人気者はなかったろう。きっかけは半年前、政府がいわゆる国会開設の詔勅《しょうちょく》により、

――十年後に、国会をひらく。

と約束したことである。退助はこれを受けて日本初の政党である自由党を結成し、全国を遊説《ゆうぜい》した。ネットはもちろんテレビもラジオもない時代である。演説会というのは大衆にとって有名人の顔が見られ肉声が聞ける唯一の機会だったから（新聞にも顔写真はめったに載らなかった）、連日どこも超満員。夜は夜でかならず地元有志が一席もうけ、そこでまた演説をもとめるから、退助はよほど、のどを傷めたらしい。何にしろ過剰な時代だった。

四月六日は、岐阜の日だった。のどの痛みを押して一時間半の演説を終え、会場の外へ

出たところで暴漢におそわれた。短刀で斬られたのである。苦しい息の下、

「板垣死すとも自由は死せず」

と言い放ったというエピソードはあまりにも有名だけれど、さてさて、ほんとに退助はそう言ったのか。

誰かが創作したのではないか。いくら当時の新聞でも記者がせりふを創作するはずはないので、私は、退助のまわりの誰かが宣伝のため真実らしく記者の耳に吹きこんだのだとにらんでいる。

一種の作家的、スピーチライター的な有能さ。それが誰かは拙著『自由は死せず』に書いたからここではふれない。ふれたいのは別の脇役。

後藤新平である。このときわずか二十五歳にもかかわらず愛知県立病院の院長であり、愛知医学校の校長を兼ねて名医の評判が高かった。それで他県の事件にもかかわらず、何とか、

――板垣閣下を、救ってくれ。

という取り巻きたちの懇望を受けて、人力車を飛ばして来たのだった。

退助は、四十五歳。その寝所に入るや否や、後藤は、

「ご負傷、ご本望でござんしょう」
と言い放ったとか。

本望とは、ふつう死ぬときに使うことばである。少なくともこれから治療にあたる医者が患者へ言っていい語ではない。単なる冗談だったのか、あるいはそういう軽口でもって「命には別状ない」と安心させる気だったのか。

案外、日本一の人気者への単なるやっかみだったかもしれない。どちらにしても退助はこの若い医者がよほど印象にのこったらしく、あとで、同行していた自由党員・竹内綱《つな》に、
「医者には惜しい。むしろ政治家にしたらよかろう」
ともらした。竹内綱は戦後の首相・吉田茂の実父である。どうも役者がそろっている。

後藤新平はその後、この退助のことばどおりの人生をあゆんだ。

台湾総督府の民政局長（首相に近い）に抜擢されて植民地経営の基礎をきずき、南満州鉄道会社初代総裁に就任して大陸経営の基礎をきずき、晩年は、現在のＮＨＫの母体のひとつである東京放送局総裁に就任して公共放送の基礎をきずいた。

要するに一生のあいだ基礎づくりに精を出した。そういう政治家だったのだ。

こんにちから見て、特に上出来なのは台湾である。もともと一介の医者にすぎなかった

後藤がどうしてそんなところへ抜擢されたかというと、感染症である。当時の台湾はまだ日本が領有をはじめたばかりで文明の度が低く、赤痢やマラリアやペストやコレラが猖獗《しょうけつ》をきわめていたのだ。

後藤はつまり、医者として呼ばれた。明治三十一年（一八九八）のことである。ところが現地へ行ってみたら、感染症の討伐は、対症療法ではどうしようもなかった。人口の多い台北でさえ人々がきれいな水を飲むための上水道がなく（日本では徳川初期から神田上水や玉川上水があった）、みんな井戸水を飲んでいたが、これなどはましなほうで、田舎へ出ると川っぺりの水たまりの、水牛や豚の糞がぷかぷか浮いているのをざるで濾《こ》して飲んでいたという。

後藤新平（国立国会図書館）

この一枚のざるこそが、すなわち台湾における公衆衛生学のすべてだったわけだ。これを根本的に解決するには、上水道はもちろん、屎尿《しにょう》や生活排水や雨水等をすばやく都市から追い出すための下水道も整備しなければならないが（日本ではこれも徳川時代には全国の各都市で設置されていた）、上水道にしろ、下水道にしろ、その配管や溝渠《こうきょ》は道路にそって設けるのが効率がいい。

というより、それ以外の方法はむつかしい。だから後藤はまず道路の整備をしなければならず、ということは一から都市計画を策定しなければならなかった。当時の台湾の街は、台北ですら、いたるところに藪《やぶ》や沼のある荒れ地だったのだ。

台湾での成功

後藤は政府（総督府）の金で土地を買い、当時は「市区改正」と呼ばれた区画整理をおこない、商人たちの利権を調整して……医者から政治家へと変身した。もともとそういう気質も強かったが、変身せざるを得なかったのだろう。なお日本の徳川幕府でも、上下水道の管理は道《みち》奉行または普請奉行の管轄だった。水道は道路とひとまとめにすべしというのが一種の経験則だったのだ。

後藤の台湾統治は、かなり成功した。明治三十七年（一九〇四）、つまり着任の六年後にはじめて台湾をおとずれた歴史家兼ジャーナリスト、竹越与三郎は、のちに著した『台湾統治志』でこんなふうに言っている。

> 私が想像していた台湾の街は、中国ふうで、道路の幅は二間ないし三間とかなり狭く、街には汚水があふれ、市中に豚が出るというようなものだった。しかしながら実際に見た台北は、純然たるヨーロッパふうの清潔な街だった。道路は幹線なら八間から十間もあり、枝道でも五間ある上、東京なみに、あるいは東京よりもいっそう完全に、近代的な舗装がほどこされている。
>
> 道路の両側には、歩道がある。その道路（車道）と歩道のあいだには深い開渠の下水道が設けてあって、汚水や雨水を疎通している。これはもはや市区改正というより市区改造ではないか。（大意）

最後の一文など、賛美の極という感じである。竹越はこれ以前ロンドンにも滞在しているから「ヨーロッパふう」は過《か》褒《ほう》ではない。後藤新平はあの、どこもかしこも藪や沼だった場所をわずか六年でこのようにしたのである。竹越の言う幹線道路の「八間から十間」の幅員は、いまで言うなら十六メートル前後である。現在、赤煉瓦づくりの総統府（これもまた日本統治時代の建築物だ）の正面に向かう一方通行八車線の仁愛路なども、そういう新設の道路のひとつだったのだ。

　竹越来台の約二年後、後藤は離任した。在任八年ということになる。つぎに就いたのは前述のごとく南満州鉄道総裁の地位だったけれども、これは、

　――台湾などという南の小さな島よりも、北の無限の大陸のほうを経営させよう。

という中央政府の意志によるものだから栄転である。それほど手腕が評価されたのである。満鉄のあとは内地へもどり、いろいろ枢要の職に就いたあげく、六十六歳にしてふたたび市区改正をやることになった。こんどの舞台は台北ではない。東京である。

「地震内閣」で入閣

　東京も或る意味、荒れ地になったのだ。原因は関東大震災だった。次回「なぜ日比谷は一等地の便利屋なのか」でも述べるけれど、マグニチュード七・九、死者・行方不明者計約十四万、やや大げさに言うならば東京中の建物が瓦礫《がれき》になるか、もしくは地震のあとの大火事で灰になった。

　歴史には、ときに冗談みたいな偶然がある。この地震の日、つまり大正十二年（一九二三）九月一日の時点では、日本に総理大臣はいなかった。

あるいは内閣が存在しなかった。その八日前に加藤友三郎が現役の総理大臣のまま病死したため、内閣も自動的に総辞職。地震の日にはちょうど内田康哉《やすや》外務大臣が臨時首相として残務を整理していたところだったのである（歴代首相にはふくまない）。地震が起きては、残務整理どころではない。帝都はただちに復興されなければならない。そこで地震の翌日つまり九月二日に、海軍大将・山本権兵衛が組閣の大命を受け、同内閣（第二次）が発足した。

当時の新聞からは「地震内閣」と呼ばれた。日本の歴史にはめずらしく、きわめて明確な目的をあたえられた内閣である。後藤はその内務大臣に就任したのだった。内務大臣というのは、いまは存在しないけれど、台湾のあの民政局長の職をうんと大がかりにしたようなもので、首相をのぞけば権力の範囲がもっとも広い。

ほとんど内政最強だった。この場合はつまり復興実務の総責任者ということだろう。さっそく臨時会議がひらかれる。後藤はその席上、まず、

「復興に関しては、特設官庁を設けるべし」

と言い、それからまったく何の根まわしもなく、こんな提案をしたのだった。

「罹災地域はすべて政府が買収し、徹底的に整理して、しかるべき時期に個人または公共

団体に売るか貸すかしよう」

要するに、東京中の土地を買うという構想。こんにち、

――後藤の大風呂敷。

ということばで知られている。そんな金がどこにあるのかという反論はもちろん出たので、後藤は、

「長期間の外債ないし内債でまかなう」

借金しよう、ただそれだけ。ずいぶん大ざっぱであることは後藤自身もたぶん承知していたし、それでも自信があったはずだ。三十数年前あの荒れ地の台北をたった六年でそれなりの都市にまで仕上げられたからには、東京もできる。自分ならできる。

過去の成功にしがみつく意気軒昂なおじいちゃん、などと言うのは少々酷なように思われる。後藤はこの土地の買収費用をふくめた復興費用の総額を四十億と見つもったが、これもまた、大風呂敷は大風呂敷にしても、

――戦争ひとつ、やるつもりで。

くらいの感覚だったのではないか。この約二十年前におこなわれた日露戦争は総戦費が二十億といわれ、その戦費はおおむね外債ないし内債でまかなわれたからである（ほんと

うはもうひとつ増税があったけれども、これを震災直後の復興会議で口走るわけにはいかなかったろう）。その後の物価の上昇を考えに入れれば四十億はぎりぎり現実的な線、そんな感覚。まんざら不可能ではないという手ごたえ。

　この四十億計画は、どんどん縮小した。会議のたびに削りに削られ、最終的には七億になった。それはそれで理由あることだったが、しかしこの場合は、会議のほうにも責任がある。何しろこの復興は、

――復旧ではない。復興だ。

というスローガンのもと、全国民的な関心の対象となっただけに、政治家も財界人も学者もむやみやたらと話に乗りたがり、

1　帝都復興審議会
2　復興院評議会
3　復興院参与会

と、会議が三つもできてしまったのだ。

　そもそも後藤が最初に特設官庁うんぬんと述べたのは、これは復興院（正確には帝都復興院）の新設につながったし、その総裁の職には後藤みずから就いたけれども、それを院

外から陰に陽におさえようとするのが1だった。後藤もその一員ではあったけれども、おおむね政界か財界の大物で構成されていたから、

――後藤の独走を、ゆるすな。

という感情が強かったと思われる。2と3も、これはどちらも復興院内の組織ながら、しばしば意見が対立して後藤を苦しめた。後藤はそこでは総裁というより、むしろ調整役に甘んじなければならなかったのである。

要するに、人がいすぎた。みんな饒舌《じょうぜつ》でありすぎた。総論賛成、各論反対。この過程で後藤のあの土地の買収、整理、放出という案は予算を削られ、規模を縮小されたのである。

だがそれでも、とにかく実行には移された。政府は東京中をこまかく分割して、その区域ごとに整理案を提示した（東京市がした場合もある）。整理案はたいてい道路の拡張から始まるので、住民には土地の提供か、または移転をもとめることになる。それへの補償も提示する。

ところがそれを受け取った市民のほうは、唯々《いい》諾々《だくだく》として従ったか。とんでもない。彼らは彼らで寄り合いを持ち、意見をまとめ、陳情書を提出し、おのが要求を通そうとした。政府（または東京市）へはおのずから無数の陳情書があつまることになる。政府は第二案

を出し、第三案を出し……ようやく合意が成立しても何だかんだと理屈をこねて土地のあけわたしに応じぬ商店主もあったから、これはさすがに強制執行の対象としたが、逆にいえば、大正時代の政府はもう事がそこまで至らなければ強制執行にはふみきれなかったのである。

ここにもまた、人がいすぎたのである。社会の上層部も下層部も。「船頭多くして船山にのぼる」どころではない。乗組員も乗客もことごとく船頭になったようなものだった。

後藤はさだめし、暮夜ひそかに、

――台湾のころは、よかったなあ。

と、ため息をついたのではないか。

あのときは自分ひとりの決断で何でもできたし、それへの抵抗など、総督府の内でも外でも無《む》にひとしかった。もちろん当初の四十億の案がそのまま通るとは思わなかったが、それにしても東京がここまでやりづらい街だったとは、と。

後藤の遺産

結局、後藤は、或る程度は成功した。

整理面積はぜんぶで三千六百ヘクタールにおよんだというから大したものである。対象範囲ではおなじではないけれど、こんにちの二十三区の合計面積は六万二千ヘクタール余だから、何とまあ約六パーセント。

けれども後藤の主観はどうだったろう。

——失敗だった。

と思ったのではないか。最初の気宇とくらべて小さすぎる。約二十年前に台北をおとずれた竹越与三郎はいみじくも「市区改正というより市区改造」と絶讃したけれど、ここでは自分は、むしろ逆に、市区改造のつもりで市区改正しかできなかった。そんな無念さ、名ごり惜しさ。

すなわち後藤は、人に負けた。あるいは社会の上層下層それぞれの「話し合い」に負けたともいえる。

考えてみれば、近代における「話し合い」至上主義の原点は、自由民権運動だった。あの運動は一国の政治を少数者の決断から多数の国民の議論へと開放する、いわゆる国会の開設を要求し、そのための、いわば議論の軍隊としての政党というものを創りあげた。

そうして何より、全国いたるところで演説会をやることで一般市民にもその価値を知ら

当時の昭和通り（土木学会附属土木図書館）

しめた。彼らのまいた種が芽を出し、枝をのばし、それなりに花を咲かせだしたのが大正期、まさしく関東大震災の時期だったのである。

とすると後藤は、自業自得だったのかもしれない。まだ若い医者だったころ、わざわざ人力車を飛ばして板垣退助を治療したことで未来の自分を妨害した。もちろんこれを逆の面から見れば、デモクラシーの成果である。震災後の東京の市民はそうやすやすと後藤流の強権主義にひっかからなかった、政府を最後まで苦しめたと、そう見ることも可能だからである。

後藤の遺産は、いまも東京に見ることができる。というより、現在、或る程度以上の幅員のある幹線道路は、たいていこの復興事業のたまものなのだ。

その代表は、大正通りと昭和通りである。復興事業がこのふたつの元号の時代にまたがったことの記念として名づけられた、とされている。北が上の地図をひろげると、大正通りはヨコの道路だ。皇居の上を東西につらぬく。西のはしは新宿であり、東のはしは隅田川にかかる両国橋である。全長約八キロ、片側三車線ないし二車線。もっともこれは、戦後に「靖国通り」と名が変わったが。

いっぽう、昭和通りは変わらない。こちらはタテの道路であり、皇居の右を南北に走る。北端は根岸、南端は新橋。全長はおなじく約八キロであり、片側四車線から二車線。

二本あわせて、巨大な十字架にもたとえられようか。後藤流の市区改正の証拠物件ともいえるだろうし、東京のなかの台湾ともいえる。

台北のあの仁愛路を兄とすれば、こちらは弟になるのかもしれない。となるとその弟の二本が交差する神田の岩本町交差点はさぞかし広々として気持ちがいいかと思いきや、行ってみると大したことはない。むしろ鬱々《うつうつ》とした感じである。都内の重要な一般道路がしばしばそうであるように、ここもまた、首都高のぶあつい天井に覆われているからだ。

名所にも観光地にもなっていない、文字どおりの日陰者。あの震災のあと東京の人口は西へ西への大移動を起こしたから、相対的にこの城東の地はあまり重要ではなくなったという歴史の皮肉もあいまって、ちょっと胸をつかれる光景である。私はこの文章を「後藤死すとも道路は死せず」という一句で締めようとしたが、それも何だか、後藤に悪い気がしないでもない。

追記

現在の東京には靖国通り（旧大正通り）、昭和通りともうひとつ明治通りもある。これは渋谷－王子－亀戸とさながら「Ω」の字のごとく都心をかこむ、いわば道路の山手線である。

明治通りの建設も、やはり元来は関東大震災後の復興計画に端を発する。環状線構想もあったのである。もっとも、昭和五年（一九三〇）に刊行された復興公式本というべき震災復興調査協会編『帝都復興史』全三巻には言及がない。大正通り、昭和通りはあるのだが、明治通りに関してはその計画があったことすら記録されることがなかったのだ。

おそらくは、帝都ではなかったからだろう。右に挙げた通過地は、当時はそれぞれ渋谷町、王子町、亀戸町だったのであり、東京市内ではなかった。本格的な着工が戦後を待たなければならなかったのも、そのことと無縁ではないかもしれない。

第十三回　なぜ日比谷は一等地の便利屋なのか

大正十二年（一九二三）九月一日、ぴったり正午から、日比谷の帝国ホテル大宴会場では或るパーティがおこなわれる予定だった。

ホテル自身の新館落成記念パーティである。新館はアメリカの建築家フランク・ロイド・ライトが設計した独創的なデザインのもので（以下「ライト館」と呼ぶ）、料理の準備もすすみ、招待客もあつまって……その開会二分前の午前十一時五十八分、あの関東大震災が来たのである。

マグニチュード七・九。死者・行方不明者計約十四万。まわりに立っていた煉瓦造、コンクリート造のビルディングはほとんど瓦礫となったけれども、このライト館はびくともせず、地震がひとまず落ちついたあとは家をなくした被災者を受け入れたり、社屋をうしなった新聞社のためにロビーを開放したりと、八面六臂《はちめんろっぴ》の活躍をした。

パーティの客にも、おそらく死者は出なかったのではないか。設計者ライトはすでにアメリカに帰国していたが、ライトの弟子である建築家・遠藤新《あらた》（東京帝国大学建築学科出身）は、

――帝国ホテルは試練に耐え、太陽のように輝いています。おめでとう、ライト先生……

と手紙を送ったという。

まがりなりにも大惨事の直後に「おめでとう」は不適切なような気もするが、それほど感激したわけだ。このようにしてライト館は世にあらわれた瞬間から伝説上の存在となり、その後はふつうのホテルにもどり、さまざまな宿泊客をもてなしたのである。

チャップリンも泊まった。ロシアの声楽家シャリアピンも泊まった。読売新聞社主催で日米野球が開催されたときにはベーブ・ルースも泊まったし、日本人では、たとえば重光葵《まもる》が泊まっている。重光は日本の敗戦直後、

ライト設計の旧帝国ホテル

政府代表として東京湾に停泊中のアメリカ戦艦ミズーリ号へおもむいて降伏文書に調印したが、その調印の朝はここから出発したのである。

無数の人々の無数のいとなみ。無数の思い。そのライト館が、老朽化のため、

――とりこわし。

と決まり、業務を終えたのは、開業から四十四年後、昭和四十二年（一九六七）十一月十五日、ぴったり正午。

こんどは二分前に地震はなかった。かわりに建ったのは地上十七階、地下三階の無個性な外観のビルディングだったから、ずいぶん嘆いた人も多かったことは、こんにち、いろいろな資料に見ることができる。みんなライト館が好きだったのだ。なおこの退役物件は、一部が愛知県犬山市の博物館明治村へ移築され、公開されて特に人の目を引いている。

私も以前、見に行ったけれど、煉瓦の赤と大谷《おおや》石《いし》の白のあざやかな色のとりあわせ、水平線の強調、それにもかかわらず天へ抜けるような開放感、

――いっぺん、泊まりたかった。

あるいはミニチュアでもいいから家に置きたいなどと思わされる姿かたちだった。しかしまあ、それだけに、現役時代はかえって落ちつかない宿泊客もいたかもしれないが。

とにかくこんなふうに個性の極から無個性の極へ、このホテルの建物は、まるで電圧計の針のように振れきってしまった。やっぱり空間効率、経営効率というものを無視し得なかったのにちがいないが、そうなると原因の半分くらいは、ホテルというより、それが立地している日比谷という街自体にあるといえる。なぜなら日比谷は皇居前に位置しているし、徳川時代には大名屋敷がたちならんでいた。格式の点でも、人の往来の多さの点でも、まぎれもなく東京の一等地なのである。

日比谷にあった初代国会議事堂

一等地だから、その土地利用の歴史もじつにきらびやかである。たとえば鹿鳴館。この明治十六年（一八八三）に完成した、御雇外国人ジョサイア・コンドルの設計による本格的な洋風建築は、要するに日本一個性的だった。外観もそうだが館内設備はそれ以上で、ダンスホールがありダイニングがあるのは当然のこと。奏楽室もあるし、玉突場もあるし、喫煙室もあるし、ことに婦人化粧室は美麗をきわめたという。

だがその寿命は、たった四年足らずだった。西洋式のパーティ外交をおしすすめた外務卿・井上馨《かおる》の失脚という政局のあおりを受けたわけだから建物自体には罪はないのだが、しかしその後、第十五銀行へ払い下げられ、華族会館となってしまっては往年のかがやきを取り戻すことはできなかった。

幽霊屋敷になったわけではない。華族有志の食事会がおこなわれたり、名流婦人による慈善バザーが開催されたりと利用状況はまずまずだったが、そのぶんだけ、何というか、一種の高級公民館になったきらいがある。それは個性をうしなった。そのため歴史の表舞台に出ることはなくなったのだ。

さらには国会議事堂も。じつは日比谷というところは、国会発祥の地なのである。明治二十二年（一八八九）——鹿鳴館の払い下げとおなじ年の二月十一日、大日本帝国憲法が発布され、その定めにもとづいて翌年に第一回帝国議会がひらかれたのは、現在の住居表示でいうと霞が関一丁目のあたりというが、当時は内幸町二丁目だった。日比谷文化圏である。

議事堂は、木造の仮のものだった。完成は召集の前日だった。この議会は明治天皇の親臨をあおいだことでも知られるが、ということは、天皇は、ほんの数日前まで突貫工事の現場だったところへ来たことになる。まことに開化期の疎《そ》陋《ろう》である。この場合の個性は建物というよりは、建物の性格のほうに存在するとすべきだろう。

日比谷内幸町にあった帝国議会（２代目）

（国立国会図書館）

しかしその個性的な仮議事堂も、三たび火災で焼けたあげく、四度目にようやく鉄骨鉄筋コンクリート造、花《か》崗岩《こうがん》張り、地上三階（一部四階）のりっぱな本建築がつくられたときには、その本建築の住所は麹町区永田町だった。すなわち現在の国会議事堂である。こちらはどう見ても日比谷圏内ではないから、日比谷はすなわち国会を、永田町に、

——取られた。

という恰好になる。さんざん下積み時代をささえたのに。何度も建てなおされたのに。

こうしてみると、日比谷というのは、どうやらずいぶん損な役まわりの土地らしいように思われる。ライト館、鹿鳴館、国会議事堂……個性あるものが根づかない。

もっと辛辣《しんらつ》な言いかたをすれば、日比谷は個性の腰かけでしかない。それはいずれ消え去るか、よそに奪われるかの運命なのだ。どうしてこんな割に合わない

ことになるのか。それはたぶん、立地の中途半端さが一因だった。

さっき「一等地」と言ったけれど、そう、一等地として中途半端なのだ。何しろ日比谷という土地は、歴史的格式の点では皇居前（江戸城前）でありながら城の正門たる大手門から少し離れているし、オフィス街としては近くに丸の内がある。

商業地としては近くに銀座がある。それらのほうが目立つのだ。実際には丸の内も銀座も、その近代的発展は日比谷よりも遅れて出発したのに、日比谷はいわば追い抜かれた。

そのくせ日比谷自身もかなり人出が多いから、何というか、日比谷はちょっとずつ皇居前であり、丸の内であり、銀座であることを要請される。一種の便利屋であることを求められるのだ。

「日比谷、便利屋」ではキャッチコピーにもならないけれども、日比谷の街のほうもまた、それに対して生まじめな正社員のように応えるうち、器用貧乏になってしまった。まったく損な役まわり。私たちがいま日比谷の街を歩くとき、ふと感じる無色透明な空気の肌ざわり、何でもあるのに何もない感じは、これに由来するのではないか。

私たちが通例、

――銀座へ行く。

とか、

——渋谷へ行く。

などと言っても「日比谷へ行く」とはあまり言わない原因もこのへんにあるように思われる。日比谷では私たちの目的はあくまでも街ではない、個々の建物や施設なのだ。そういえば私は前稿において、やはり江戸‐東京の便利屋的な街として目黒を挙げたことがある（第九回「なぜヱビスビールは目黒だったのか」）。もしも日比谷を一等地の便利屋、国家の便利屋、正装の便利屋とするならば、目黒のほうは郊外の、大衆の、普段着のそれといえるだろう。

或る意味、好一対なのである。江戸の人々はここでも「目黒へ行く」とは言わなかったのではないか。そのかわり現在の日比谷に関しては、その建物や施設のなかへ一歩足をふみいれれば、しばしば打って変わって個性的である。

帝国劇場もそうだし、第一生命館もそう。日比谷公園もそうかもしれない。そうしてそんな内向的な個性の代表は、ここでもたぶん帝国ホテルだった。

あの無機質な高層ビルディングのなか。メインロビーの正面に大階段を置き、吹き抜けの二階へぐるりと木製の回廊を浮かべるその伝統的な設計もさることながら、何よりスタッフの立居振舞ときたら。

あの柔らかな緊迫とでも言いたいほどの雰囲気は、これもまた一朝一夕にできるものではない。伝統のもたらすところだろう。ライト館はとりこわしの憂き目に遭ったけれど、そのなかの何かは現在も日比谷名物でありつづけている。

おみやげに持ちかえることのできない名物。ほんとうの意味での無形文化財。

第十四回　なぜ新宿に紀伊國屋書店があるのか

新宿というのは、本来むろん地名ではない。「新しい宿場町」というほどの意味の普通名詞である。いったいに普通名詞というのは、何度も人の口に出されると、わりあい地名になりやすく、だから新宿という地名はじつは全国のあちこちに存在する。そのうち半分くらいは、たぶん「シンシュク」と清音で読むのだろう。

こうした地名にはほかにも新田《しんでん》、新地、新町《しんまち》、新橋などがあるけれども、茨城県結城市には新宿《しんじゆく》新田という二階建てみたいな地名もある由。東京の新宿の場合、はじめて世にあらわれたのは江戸幕府第五代将軍・徳川綱吉の時代だった。場所は、甲州街道ぞいである。

甲州街道は、江戸から甲斐、信濃方面へと向かう幕府直轄の幹線道路である。いわゆる五街道のひとつであり、起点はむろん日本橋。最初の宿場はもともと下高井戸にあった。

利用者には、さんざんな不評だった。この「宿間距離」は約四里もあったからである。日本橋を出たらいきなり延々十六キロも歩かなければ最初の宿場へ着かないのでは、人も疲れるし、荷物をはこぶ馬も疲れる。

どちらかと言うと、後者の問題のほうが大きかったろう。そんなわけで下高井戸の前に、

——もうひとつ、宿場町がほしい。

できればちょうど中間のところ。その「中間」の地域にはたまたま信州高遠藩主・内藤家の下屋敷があったのだが、幕府はそれを上地《あげち》までして宿場町をつくらせたあたり、大衆に押し切られた感がある。上地とは一種の接収である。この時代、「おかみ」は意外と弱かったのだ。

内藤家こそ、いい面の皮だったろう。そこで設けられたのが内藤新宿、こんにちの新宿というわけだ。こんにちはその内藤の名も落ちてしまったが、つくってみると、宿駅以外の機能も持つようになった。

薪炭問屋が書店に

いろいろ問屋があつまったのだ。米問屋、青物問屋、木材問屋……江戸という百万人の

住み暮らす大消費地がすぐ東側にひかえているのだから当然といえば当然だが、他の宿とくらべて特に多いのが薪炭《しんたん》問屋であることはおもしろい。薪炭とは訓読みで「たきぎ」「すみ」であり、要するに燃料問屋である。それらは江戸の街の人々にとって、灯火用の蠟燭をのぞけば、ほとんど唯一のエネルギー資源にほかならなかった。

どうして薪炭問屋があつまったのか。これももちろん地理的な要因が大きいだろう。何しろ甲州街道の行き先には、こんにちの県名でいうなら山梨、長野と、山国がそろっているのである。

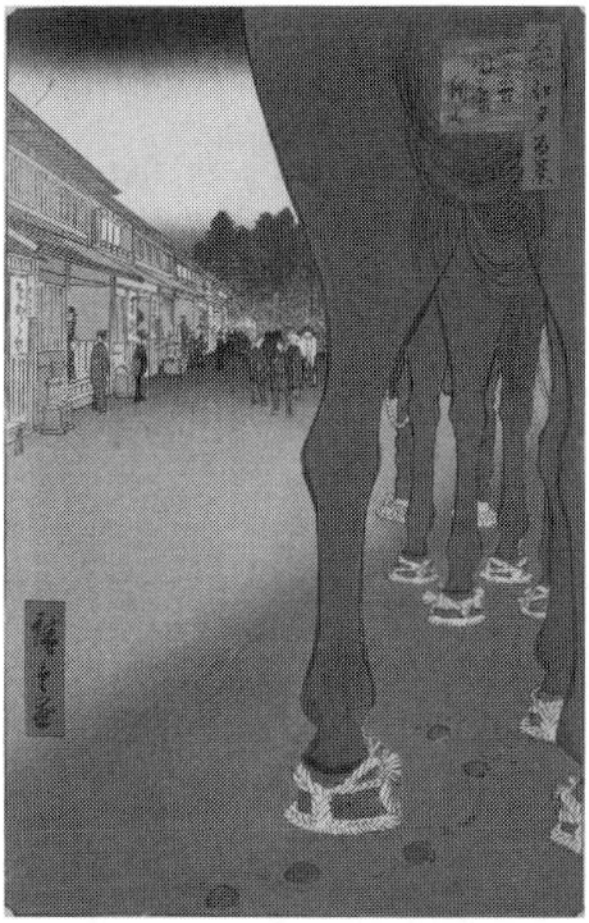

歌川広重「四ツ谷内藤新宿」
（国立国会図書館）

山には林があり、森がある。つまり薪炭の生産地である。それが江戸の街めがけて奔流のように東へ東へと流れこむ、その筒先《つつさき》のような位置に新宿はあるのだ。もっとも、これは表の理由で、実際にはもうひとつ裏の理由があるような気がする。私の邪推にすぎないのだが、問屋はあえて新宿にまとまって、数の力で、

——既得権を、まもろう。

そんな思惑があったのではないか。

徳川時代には、生産者は無知蒙昧ではなかった。あちこちの木こりや炭焼きたちは、問屋にいわゆる中間マージンを取られることが気に入らなかったのだ。

もしも江戸へ直接のりこむことができたら。もしも日本橋あたりへ店をひろげて「たきぎ」や「すみ」をじかに消費者へ販売することができたら。こちらも利ざやが大きいし、買い手のほうも安くつくから笑顔になれる。まさしく一挙両得ではないか。

問屋の側からすれば、当然、

——冗談じゃない。

ということになる。そんなことをされたらおまんまの食いあげ。大欲非道の生産者どもの江戸進軍をどうにか阻止しようとすれば、こっちも最終ラインでスクラムを組んで、数の力でまもりきるべし。

事実、この時代には、この生産者と問屋がしばしば甲州街道でもめごとを起こしている。そういう新宿の薪炭問屋のひとつが紀伊國屋だった。のちに小売書店の最大手のひとつ、紀伊國屋書店を創業することになる田辺茂《も》一《いち》がこの家の長男として生まれたのは明治三十八年（一九〇五）、日露戦争勃発の翌年のことだった。

晩年の回想記『わが町・新宿』は、おさないころの新宿の風景をこんなふうに叙している。現在のあの繁華街の、たった百年前の姿である。

現在の歌舞伎町一帯は鬱蒼《うつそう》たる山だった。山のまんなかに池があり、その池のまんなかに島があった。

現在の新宿南口には玉川上水（田辺は「多摩上水」と呼ぶ）があおあおと流れ、子供たちは泳いで魚をつかまえたという。

電信柱には荷馬車の馬がつながれ、ときおり通行人にかみついていた。

要するに、まったく田舎だったわけだ。最後の馬の風景など、往年の内藤新宿のあれこれを知る者にはことのほかうれしい。しかしながらこの「宿駅」は、明治大正期を通じて、だんだんと、べつの駅に取って代わられる。

鉄道の「駅」である。もちろん田舎のことだから、旅客のあつかいが主ではない。もっぱら薪炭をはじめとする貨物のほうが重要だったろう。田辺茂一も七つか八つのころ、朝はやく父親に、

「おい散歩だよ！」

と言われ、手をとられて、新宿駅（当時は「停車場」）の貨物ホームへ行った思い出を記している。父親にとっては散歩ではなく、その日の入荷量を知るという業務の一部だったわけだ。

このときの貨物列車はたぶん、明治二十二年（一八八九）開通の甲武鉄道のそれだったろう。現在のＪＲ中央線。ほかにも新宿とその周辺には、

明治十八年（一八八五）　日本鉄道（現在のＪＲ山手線）
大正四年（一九一五）　京王帝都電鉄（現在の京王電鉄）
昭和二年（一九二七）　小田原急行鉄道（現在の小田急電鉄）

という具合につぎつぎと線路が敷かれ、駅がつくられ、しかしやっぱり人口は少なかった。誰も彼も、この新宿という街には、荷物のつみおろししか期待していなかったのである。

その人口がにわかに増加したのは、大正十二年（一九二三）九月一日、関東大震災がきっかけだった。東京だけでも全戸数の七割が焼失するという大惨事だったけれども、この被害は、新宿から見れば、じつは対岸の火事だった。

本所、浅草、深川、下谷《したや》、神田、日本橋、四谷、麹町、本郷、小石川……これら「東」の対岸の地域ではその後の復興がなかなか進まず、また余震への恐怖もあったのだろう、生きのこった人々はまるで亡霊から逃げるようにして西へ西へと移り住んだ。

紀伊國屋書店新宿本店

こんにちの地図でざっくり言うと、山手線内の、東半分から西半分へ。

あるいはさらに西のほうへ。この避難民的なゴー・ウェストの行く先で、両手をひろげて待っていたのがつまり新宿の街にほかならないのだ。

何しろそこは、震災の被害がほとんどなかった。人口は少ないし、土地はたっぷり余っているし、線路と駅はひととおり整備されていた。最後の要素はことに心理的に大きいだろう。なぜならそれは、出ようと思えばいつでも東の「東京」へ帰れることを意味するからだ。被災者というのは、故郷に対してつねに激しい引け目を感じるものなのである。

そうして新宿の街とともに、田辺茂一も待っていた。田辺が家業の薪炭問屋を継がず、おなじ場所に小売書店・紀伊國屋書店を創業したのは大震災の四年後である。まだ二十二歳だった。もともと読書好きだったことは当然だけれども、私の見るところ、べつの理由もあったのではないか。もはや汽車は石炭で走り、夜の街には電灯がともり、工場ではコークスが用いられ、外国からは石油がたっぷり輸入されている時代になってしまっては「たきぎ」「すみ」など、

――時代おくれ。

と若者は見たのだ。

あるいは、本ないし紙というものが、じつは「たきぎ」「すみ」とおなじく山の木々を原料とすることに心強さのようなものを感じたか。この時期の新宿はほかにも三越、伊勢丹というデパートがあらわれ、映画館があらわれ、劇場があらわれ、無数の大衆的な飲食店があらわれた。人口増の結果である。

こんにちの繁華街の濫觴《らんしょう》というべきだろう。現在、私たちの紀伊國屋書店に対するイメージといえば、店が大きいとか、何でも売ってるとか、トークショーなどのイベントが充実しているなどといったところだろうが、だとしたらそれは、この書店以前に、そもそも新宿という街自体がそなえていたイメージに近いようにも思われる。

もちろん大震災以後の新宿のだ。明治初期に「東の」日本橋にあらわれた丸善がおもに知的エリートを対象としたのよりも（第八回「なぜ早矢仕有的は丸善を日本橋にひらいたのか」参照）、もうちょっと広い、もうちょっと庶民的な、「知的公衆」くらいが相手の商売。

こんにち支店が全国にあるのも暗合めいている。新宿という地名が全国あちこちに存在することと軌を一にするというか。もっとも紀伊國屋のほうは国外にも支店がたくさんあるから、その点では、新宿以上の存在になった。

第十五回　なぜ五島慶太は別荘地・渋谷に目をつけたのか

大岡昇平は戦後を代表する作家、評論家である。『野火』『レイテ戦記』のような戦争小説、『武蔵野夫人』のような恋愛小説、『文学における虚と実』のような文芸評論とたいへん広範囲な活動をしたが、しかし子供のころ育った範囲はせまかった。渋谷という同一の地域のなかで、たびたび引っ越しをしたのである。

その回数が計七度だとは、大岡みずからが『幼年』（後述）に述べるところである。父は株屋の外交員だった。当時のその職業は、こんにちの証券会社社員とはちがって、自分でも相場をやるのが普通だったらしいというより、やらなければ暮らしが立たなかったらしい。相場には勝ちも負けもある。大岡家の収入はかなり大幅に増減し、そのつど引っ越しとなったわけだが、この逸話には、当時の渋谷という街の、住宅地としての器の大きさがうかがえる。貧しい家族も、ゆたかな家族も、それぞれにふさわしい暮らしが送れる借家の供給を意味するからだ。

　この場合の「当時」とは、大岡は明治四十二年（一九〇九）生まれだから、おおむね大正期前半ということになる。

『幼年』は六十代になって書いた自伝的中篇である。少年のころの生活をいきいきと描いて読ませるが、それによれば、昇平少年はひとつの「大事件」に際会した。

　これはどうやら富よりも貧のほうに近い時期のことだったらしいが、彼は或る日、向かいの家の兄妹といっしょに路地の井戸で遊んでいた。井戸はポンプ式でなく、つるべ式だった。そのふたの上に立つのは大人に禁じられていたけれど、いつものように立って遊んでいたところ、ふたの片側が外れて落ちた。

　その上には、向かいの家の男の子がいた。男の子は井戸側にしがみつき、大人たちに引き上げられて事なきを得たが（さぞかし昇平少年は叱られたにちがいない）、ついでに井戸さらいをしようという話になり、二、三日後に井戸屋が来た。その情景を大岡はこう書く。

> 腹巻きだけの裸になって刺青《いれずみ》を見せた小父さんが、井戸の中の両側に足をふんばって、

段々下へ降りて行くのを、われわれは感嘆の眼で眺めた。

彼はどんどん汲み出した。水ははじめ青く、だんだん赤い濁りになり、或る程度まで透明になった。「それは盛大な水のお祭りだった」。井戸さらいが終わると、大人たちは、水が澄むまで半日くらい汲むのを禁じられたという。水がたまり、不純物が沈澱するのを待ったということだろう。

『幼年』に描かれたこのくだりはきわめて視像明確でありつつも、水のにおいまで感じられる生々しさがあり、さすがは『野火』の作者だと脱帽しないわけにはいかないが、文学の魅力は魅力として、さしあたり興味ぶかいのは、このささやかな逸話が渋谷という土地の本質をあらわしていることだった。つまり井戸屋がたったひとりで（もちろん近所の大人も手伝ったろうが）仕事ができるほど、それほどこの井戸は浅いのだ。井戸を掘ったときに水が出る、その水面を地下水面というが、それが高かったのである。

東京都は、西高東低である。

海抜の高さで言うと東部が低地、中西部がいわゆる武蔵野台地である。その低地と台地のちょうど境目にあるのが渋谷なので、もちろんこの境界線上にはほかにも新宿、池袋といったような街があるけれども（厳密には新宿と池袋では台地はもう少し東へ張り出している）、それらと渋谷がちがうのは、上から見ると、ちょうど台地のはしっこが人間の手を伏せたような地形になっていることである。

つまり、谷が入り組んでいる。谷はそれぞれ支谷《しこく》をのばし、より複雑な凹凸をかたちづくる。渋谷というのは、そう、文字どおり谷の街なのだ。

実際、地勢的には渋谷圏に属する旧代々木村は、江戸時代には、

――代々木九十九《くじゅうく》谷《たに》。

などと呼ばれたというし、私自身の経験もある。何年か前の秋、私は渋谷のＮＨＫ放送センターへ行くのにタクシーを使う機会があったが、目的地が近づくと、運転手さんが、

「雪の日は、このへんはヤだねえ」

とつぶやいたのはおもしろかった。小さな急坂が多いからスリップしやすいのだ。

こうした地形のありさまは、大岡昇平の子供のころはもっと明確だったろう。もっと谷と山があらわだったろう。もしも例の、友達が落ちそうになった井戸がやはり谷底というか、スリバチの底のような場所にあったとしたら（その可能性は高い）、その井戸が掘りあてた地下水の地層は、まわりの高いところの地層と斜めにつながっているかもしれず、

だとしたら地下水面も高くなる。高低差による圧力を受けて、地表へ出ようとするわけだ。あの刺青を入れた井戸屋の「小父さん」も、容易に仕事することができる。そういえば大岡は『幼年』の、この井戸さらいの直前のくだりで、

> この辺の地勢は（中略）南から北へゆるやかな下り斜面になっている。従って私の家の敷地は、路地より少し高くなっていた。玄関まで一メートル弱の段をなしていて、板が渡してあった。

と記している。やはり高低差があったのだ。

日本初の「別荘地」

渋谷とはつまり、全体的に、こういう起伏に富んだところだった。古代、中世、近世を通じてそこを通過する大きな街道が存在しなかったのは当然である。工事があんまり面倒にすぎるのだ。徳川時代には、甲州街道が整備されたのは北のほうの平坦地だった。

ほんのわずかの距離なのに、街道ぞいの内藤新宿（こんにちの新宿）がだんだん人口が

多くなり、だんだん繁華になるのに比して、渋谷のほうは何もなく、ただただ田んぼや畑ばかり……いや、ちがう。たしかに田畑は多いけれども、それ以上に、切絵図（当時の地図）をよく見ると、武家地が多いのである。

それらはたいてい面積が大きい。大名の下屋敷だった。薩摩藩の島津家、広島藩の浅野家、河内国丹南《たんなん》藩の高木家……旗本の別邸もかなりある。これらの殿様は、いうまでもなく、ふだんは渋谷などでは生活していなかった。

もっと江戸城に近いところに上屋敷または本邸を持ち、そこからお城へのぼっていた。都心在住の通勤者なのだ。それがわざわざ渋谷という郊外にもうひとつ屋敷をこしらえたのはなぜか。万が一、城下が火事になったときの避難所という面もあるけれど、それよりも強いのは、別荘という意味あいのほうだった。

渋谷では、庭のながめが美しいのである。何しろ土地がむやみに広い上、もともと起伏に富んでいるから築山《つきやま》がつくりやすく、さらには地下水が容易に得られるため池もつくりやすく涸《か》れにくい。いわゆる池泉《ちせん》回遊式の和風庭園の成立のために、これほど適した土地はなかった。

街道がないから閑静でもある。世間の塵《ちり》から遠ざかるためにあるような場所。渋谷というのは、或る意味、日本最初の別荘地なのである。

箱根や那須や軽井沢のはるか前に成立した、純日本製の別荘地。この当時の渋谷をもしも何かに喩《たと》えるとしたら、私なら、

――五月人形みたいだ。

と言いたい気がする。おっとりしていて、純朴で、かんたんに他人にだまされそうな感じ。あの甲州街道ぞいの内藤新宿がすでにしてそれこそ生き馬の目を抜くような一大商業地だったことを考えると（第十四回「なぜ新宿に紀伊國屋書店があるのか」参照）、わずかの距離で、これは何とまあ天と地ほどの差だったろう。

まったく現在の渋谷とはぜんぜん違うと言いたいところだが、しかし実際のところ、この街には、現在もそんな一面がある。

こんにちではむしろ渋谷圏と呼ぶほうが正確かもしれないが、そこにはたとえば松濤《しょうとう》の高級住宅地があるし、前述のNHK放送センターもあるし、代々木の各種スポーツ施設もある。

いずれも土地をざっくりと切り取った、鷹揚《おうよう》な感じのする、商売っ気のない用途である。五月人形をずらりとならべたような、と言うこともゆるされるだろう。その最たるもの

は明治神宮か。その広大な境内は、江戸時代には熊本藩加藤家、および彦根藩井伊家の下屋敷だったのである。

　だが現在の渋谷圏は、もう一面において、やはり火花の出るような商都である。「おっとり」どころか、あざとさ全開。ＪＲ渋谷駅周辺だけでもセンター街やＳＨＩＢＵＹＡ１０９のような伝統的な（！）商業施設があり、そこへさらに渋谷ヒカリエとか、渋谷ストリームとか、渋谷スクランブルスクエアとか、渋谷フクラスとかが林立した。

　それらのなかでお客を待つショップやカフェやレストランがどれほどの数になるか、想像するのも億劫な上、まわりには原宿や青山の街がある。たいへんなものだ。よってたかってお客から――特に若いお客から――一円でも多く巻きあげようという新宿さながらの「生き馬の目を抜く」場所。にぎやかを超えて渾沌《こんとん》の巷《ちまた》。

SHIBUYA109前

　こういう渋谷の商都化、新宿化をなしとげたのは、事実上、たったひとりの男だった。

人口三百人の村に生まれた男

彼が大正から戦後にかけて、ほとんど、

――渋谷王。

とでも呼びたいような迫力でもって君臨したことで、この街は「おっとり」路線がねじまげられた。

五月人形が働き蜂にされた。五島慶太《ごとうけいた》、長野県出身。東京急行電鉄（以下「東急」）の実質的な創業者である。株の買い占めで周囲の弱小鉄道会社はもちろんのこと、バスや、百貨店や、その他のいろいろの会社をわがものとし、東急グループを一代で急成長させたことから、姓をもじって、

――強盗慶太。

と呼ばれた。グループどころか戦前は、

――東急コンツェルン。

などと呼ばれたということは、新興ながら三井、三菱、住友などの財閥に比せられ得る

とまで見られていたのだ。

生まれは、田舎も田舎だった。

長野県小県《ちいさがた》郡、現在の青木村殿戸《とのど》という山にかこまれた小さな集落。明治十四年（一八八一）の記録では戸数六十六、人口二百七十五人、馬七頭がそこに所属していたが、慶太はその翌年に生まれたのだから、子供のときにはもう村人全員の顔をおぼえたにちがいない。こういう土地の住民がしばしばそうであるように、慶太の両親もまた、ことさら神仏を信じること篤かった。

朝晩かならず仏壇の前で「南無妙法蓮華経」をとなえた。慶太ももちろんやっただろう。そのいっぽうで、慶太はたいそう頭がよかった。松本中学を卒業後、ふるさと青木村で小学校の代用教員をつとめたというだけでも田舎出の青年としては最高の知的出世であるが、しかしこの青年は、それで満足するには頭がよすぎた。あるいは利かん気が強すぎた。

上京して高等商業学校を受験したが英語で失敗して不合格。一年後、こんどは東京高等師範学校（英文科）を受けて合格。いまで言うなら一橋大学を落っこちて筑波大学に受かったというところである。

四年後、卒業。ただちに三重県四日市市の市立商業学校に英語教師として赴任したのは、

おそらく誰かに紹介されたのだろうが、

赴任してみると、校長はじめ同僚がいかにも低調で、バカに見えて、とうていともに仕事をしていくに足りない者ばかりだった。そこで、これではいかん、一つ最高学府の大学を出て、世の中と勝負してみてやろう、こう決心して……

と、これは日本経済新聞で現在もつづく名物連載「私の履歴書」での慶太自身の回想である。「低調」ということばの使いかたがおもしろい。慶太はそれから、ほんとうに四日市の仕事をやめてしまい、再上京して、東京帝国大学法科大学に合格。これはもちろん、こんにちの東大法学部である。このとき慶太は二十五歳だった。

ずいぶん粘り強いともいえるし、ずいぶん廻り道をしたともいえる。同級生はみんな年下だったろう。実際、四年後に卒業したとき、同期には、

重光葵《まもる》（外交官）
芦田均（政治家）
石坂泰三（財界人）

　正力松太郎（「読売新聞」経営者）

などといったような錚々たる面々がいたけれど、みんな四つも五つも若いのである。この年ごろでは大きな差である。慶太のあの強すぎる自尊心に、このことが深刻な影響をあたえないはずはなかった。

卒業後、慶太は官僚になった。

はじめ農商務省に入り、すぐに鉄道院へ移ったのは、これもやはり誰かの紹介だったらしい。言いかえるなら、慶太は、みずから望んで鉄道界にとびこんだわけではなかった。当時のごくごく一般的なことばで言うなら「縁」でしかなかった。七年つとめて監督局総務課長になったところで鉄道院をやめたのもひょっとしたら自分の意志ではなく、早期退職勧告、いわゆる「肩たたき」に遭ったのかもしれない。何しろ入職が遅いから薹《とう》が立っているし、そのくせ自信がありすぎる。

まだ課長心得だったころ、稟議書に決裁のハンコを押すときには慶太はいちいち「心得」の二文字を線で消して上司へまわしていたという。

――俺は、こんな待遇には満足しない。昇進させろ。

という意思をありありと示したわけだ。

こういう人間にあんまり課長の座にがんばられては後進の出世のさまたげになる。官界に顕著な排除の論理。とにかく慶太は鉄道院をやめた。このとき三十八歳だった。若いようだが、当時の感覚では老人の一歩半手前である。

がけっぷちの会社

ふつうなら、あとは余生、くらいの感じかもしれない。その余生のあずけ先は、武蔵電気鉄道という鉄道会社だった。待遇は常務。つまりは典型的な天下りなわけで、これだけ見ると何だか甘い汁をたっぷり吸ったように見えるけれども、実際には、この会社は、ちっぽけな上に破産寸前だった。

路線敷設の免許だけは持っていたものの資金がないため着工にいたらず、つまりは一メートルの線路も所有していない。

社員の給料を支払うのも事欠くありさま。慶太もいっとき無給だった。こういう吹けば飛ぶような弱い会社がゆくゆく東京横浜電鉄と社名を変え、その名のとおり渋谷と横浜をむすびつけ、日本を代表する私鉄路線となるわけだが（現在の東急東横線）、その発展のきっかけは、実際のところ、慶太ひとりの経営手腕というよりは、多分に偶然の要素が強かっただろう。

なぜなら慶太は、この時期、目黒蒲田電鉄というもうひとつの鉄道会社の経営をまかされていたが、こちらのほうが、はからずも大もうけしたのである。

目黒‐蒲田間を開業したとたん、関東大震災が起きたからである。都心の被災者がこぞって沿線に移住した。この収益をぞんぶんにつぎこむことで、慶太はようやく東京横浜電鉄のほうの渋谷‐横浜間を開業することができたのである。鉄道会社の経営というのは、線路を敷き、駅を建て、最初の列車を発車させるまでがいちばん苦しいのである。

五島慶太（文藝春秋写真資料室）

ところでなぜ渋谷‐横浜間なのか。これは慶太には関係がなかった。もともと慶太が最初に来たとき、あの弱小の武蔵電気鉄道が保持していたのが横浜‐東京中心部の免許だったにすぎないのである。
「東京中心部」とはまたずいぶん目的地が曖昧だけれども、これはこの会社が、弱小なだけに、免許だけはむやみやたらと手を出したことが関係しているらしい。いろいろな路線について申請と認可と失効をくりかえしていたのだ。結局、慶太は、この「東京中心部」すなわち東京側のターミナルを渋谷と決めたわけだが、これもやはり「縁」というか、第一希望だったかどうか。

駄洒落ではないけれど、それこそ、

――しぶしぶ。

という感じだったかもしれない。なぜなら、横浜とむすぶなら、まず大前提として東京側のターミナルは省線（現ＪＲ）山手線の駅でなければならない。山手線は路線が円形をしていることは言うまでもないが（実際は縦に長い）、その円の外側では「中心部」とは呼べず、かといって、その内側には民営鉄道はけっして侵入することができない。すでにして東京市がいわゆる市電、路面電車の路線網をはりめぐらしているため、いまさら新たな線路を敷く土地は残されていないのである。

そこで円周上のどの駅にするかとなると、本音としては、慶太はもちろん、人口の集中している東半分のほうへ向かいたかったにちがいない。

品川、新橋、東京あたり。しかしながらこの道のりは、それこそ明治維新の直後から、省線・東海道本線という日本の大動脈がどっかと腰をすえている。巨人を相手にするようなもの。とてもではないが何の既得権もない一私鉄に対抗できる相手ではない。

そこで余儀なく西半分となると、その第一は、やはり新宿ということになるだろう。江戸時代の宿場町「内藤新宿」に端を発するにぎやかな商業地帯であるのみならず、鉄道路線の上では、何と言っても日本のもうひとつの大動脈である中央本線がまっすぐ東西に横切っている。

東側の終点は、東京駅である。慶太はもしも新宿までたどり着くことができれば、乗りかえひとつで、山手線の内側へ入りこめるのだ。

だが慶太は、結局のところ、自分の根拠地は渋谷とした。新宿の手前でストップしたのは何らかの障害が生じたのか、それとも渋谷の街が気に入ったのか。いまとなってはその機微はうかがいづらいけれど、とにかく東京横浜電鉄は工事を開始した。渋谷‐横浜間の開通めざして。

渋谷駅の開業は、昭和二年（一九二七）。慶太は四十五歳になっていた。慶太はこのとき、さだめし渋谷を、

——終《つい》のすみか。

と見ただろう。

残りの人生はすべてこの街のために捧げるものと、ようやく心がさだまったろう。そうして心がさだまってみると、渋谷の街は、慶太にはじつに自己を投影しやすい街だった。投影というより、ほとんど同一視かもしれない。自分は渋谷とおなじじゃないか。渋谷は自分とおなじじゃないか。

渋谷というところは、江戸時代には郊外の別荘地だった。

大名や旗本が下屋敷を持ち、庭を持ち、ほかには寺と田畑くらいしかなかった。自分も田舎者。長野の山にかこまれた小さな集落のそだち。

信心ぶかい両親には朝晩かならず仏壇の前で「南無妙法蓮華経」をやらされた。そればかりが原因ではないけれども、いっしょうけんめい勉強して、東京帝大法科大学を卒業したときは、友達とくらべると無駄に年をくっていた。官界での出世にも失敗した。

ひとことで言うと、自分（慶太）は、人生に出遅れたのである。そうして渋谷という街もまた近代に出遅れた。新宿とくらべると発展の度も低く、いまだ繁華街とは言いがたい。それでもこれから渋谷は、自分は……五島慶太の人生がほんとうに躍動しはじめるのは、この瞬間からなのである。

東急王国

「強盗慶太」の誕生だ。渋谷駅前に東横百貨店を開店し（現在の東急百貨店）、三越を乗っ取ろうとして失敗し、しかし地下鉄の乗っ取りには成功した。ここで地下鉄というのは、早川徳次《のりつぐ》という山梨出身の経営者がこしらえた浅草－新橋間の路線のこと。

日本で最初の地下鉄道。これは慶太には垂涎《すいぜん》の的だった。慶太は慶太でそっくり早川のやりかたを踏襲して、渋谷から新橋までの地下鉄を敷いた。そうして激しい株の取り合いの末、こちらの要求を早川に呑ませた。

その要求とは、新橋における相互の直通運転だった。これにより慶太は、両線をつなげた渋谷－浅草間の地下鉄を手に入れたわけで、これは渋谷を出たあとは、青山、新橋、銀座、日本橋、神田、上野を経由して浅草にいたる。

都心中の都心である。現在の東京メトロ銀座線。慶太はあの山手線の内側への進出をみごとに果たしたばかりか、渋谷をその進出のための結節点とした。渋谷の街がよりいっそう価値を高め、新宿に近づいた瞬間である。

直通運転の開始は、昭和十四年（一九三九）だった。

慶太は五十七歳である。おそらくこの瞬間、慶太の自信は頂点に達しただろう。と同時に渋谷の街もまた、もしも心を持っていたら、たしかに何らかの誇りを持った。自分だって都心へちゃんと入れたのだ。むかしは郊外だったけれど、新宿とおなじく、これでほんとに東京の一員になったのだ。

渋谷はこののち、急速に、こんにち見るような「生き馬の目を抜く」商都になる。

直接の理由は、駅の客がふえたことである。駅前広場には人があつまり、忠犬ハチ公の像が置かれ、東横百貨店は繁盛した。そもそもの話のはじまりである横浜への路線も沿線住民が増加したし、慶太のところ以外にもターミナルを渋谷に置く会社があらわれた。帝都電鉄、いまでいう京王電鉄井の頭線である。

街のにぎわいは日ごとに増し、戦後にいたる。現在も渋谷駅のまわりには東急本社はもちろんのこと、東急百貨店、東急ハンズ、エクセルホテル東急、Ｂｕｎｋａｍｕｒａ……さながら東急王国である。あの少年のころの大岡昇平をおどろかせた「刺青を見せた」井戸さらいの小父さんは、どこへ行ってしまっただろうか。

第十六回　なぜ堤康次郎は西武池袋線を買ったのか

三兄弟がみょうに気になる。私自身が三人の男の子の親だからかもしれないが、ひとつには三というのが、何というか、安定をもたらす最小の数であることと関係があるのかもしれない。

椅子ならば脚が二本だと危なっかしいが三本なら落ちつく。御三家、三冠王、三種の神器、三羽烏、三筆、三銃士、三位一体……どれもこれも二つでは足りないし、四つだと多すぎる感じがする。それに加えて兄弟というのは生まれた順がはっきりしているから、これがまた安定感につながるようだ。もちろん三姉妹でもかまわない。

何が言いたいのかと言うと、新宿、渋谷、池袋である。これらの街は、昭和三十三年（一九五八）に発表されたいわゆる「首都圏整備計画」によってまとめて副都心に指定されたから、

——副都心三兄弟。

と呼ぶこともできるが、ここは平たく、

——にしっこ三兄弟。

とでも呼びたいところだ。にしっこというのは全員が山手線の西半分に属することによる。

あるいは江戸城（皇居）の西側に点在することによる。北から順にならべると、池袋、新宿、渋谷となるが、いずれも江戸城からの距離がだいたい等しいのは偶然かどうか。

この三兄弟もまた、生まれた順がはっきりしている。ざっくり言うと、

新宿　江戸時代
渋谷　戦前
池袋　戦後

である。だから新宿は長男である。生まれは元禄十一年（一六九八）。ここでの「生まれ」というのは、野暮な定義をこころみるなら「そこが都会となるための契機となった年」くらいのものだが、この年には、江戸幕府がそこに文字どおり新しい宿《しゅく》をこしらえたのだ。

現在は、だから三百二十歳ほど。日本の幹線道路というべき五街道のひとつ、甲州街道ぞいにあるという地理的条件はやはり大きく、弟ふたりに先んじたのはこれが最大の理由だった。

渋谷は次男である。江戸時代には大名たちが下屋敷という名の別荘をかまえ、起伏の多い地勢を生かして雅趣あふれる庭づくりに励んだものの、見知らぬ人がぎっしりと集まって無機的な有機体をつくりあげる、いわゆる都会にはほど遠かった。

生まれは昭和二年（一九二七）である。東急の実質的な創立者・五島慶太が、自分の経営する鉄道会社（当時の名称は東京横浜電鉄）のターミナルを渋谷に置くと決め、その渋谷駅が開業した年だ。

ここから渋谷は都会になった。つまり現在九十歳あまり。お兄ちゃんとくらべると二百三十歳くらい年が離れている。

そうして、この筆法をもってするなら、三男・池袋の誕生日はずばり昭和二十九年（一九五四）一月二十日である。しかしここではその理由を述べる前に、まずは江戸時代にさかのぼろう。

めぐまれた農村

誕生以前のことだから胎内期ということになるだろうか。江戸時代の池袋村は、やはり都会たるには遠かった……という以上に、まじりっけなしの農村だった。あるいはいっそ、穀倉地帯と呼ぶほうが適切かもしれない。この時代には「村高《むらだか》」という集計単位があり、一村あたりの農産物の公定生産量をあらわすが、その村高の変化がすごいのだ。当初は百五十八石だったものが、

元禄期　三百九石
天保期　六百一石

と、江戸時代を通じて上向きの一途をたどっている（石高は概数、以下おなじ）。むろん新田開発によるところが大きいのだが、それにしても、これはなかなかめずらしい事例ではないか。というのも一般的に、ないし全国的に、江戸時代の新田開発というのは元禄期までに完了していることが多いからである。

約二百七十年のうちの最初の百年間。その後の伸びはあまりなく、おおむね微増というところ。

いうなれば高度成長をなしとげたあと長期の低成長になずんだわけで、何やら戦後日本

のあゆみにも似ている。自然の荒れ地をかたっぱしから田畑にして、変えられるところは変えつくした、ということなのだろう。

ところが池袋村はそういう一般則をありありと裏切ってみせたわけで、この傾向は、じつは近隣のほかの村にもうかがわれる。たとえば池袋村の西どなり、さらに江戸市街から遠い長崎村の村高は、当初は二百十五石、これが、

元禄期　二百八十七石

天保期　九百四十二石

と、驚異的な伸びっぷり。池袋村以上の数字だった。

もちろん村高というのは、くりかえすが「公定」生産量である。池袋村と長崎村はいわゆる天領（幕府直轄地）であるからして、毎年の年貢は基本的に幕府の歳入になるわけだが、その徴収額は、この数値をもとに決定される。

幕府にすれば、税収をふやすにはこの数値をなるべく高く設定したいという事情もあったろうが、しかしもちろん実態がないのに数だけ動かすのは不可能だから、池袋村や長崎村は、やはり穫《と》れ高が向上していたことは確かなのだ。土そのものが農作に適していたのと、千川《せんかわ》用水の開通により良質の水が確保できたこと。それにもうひとつ、都会に近いた

め、学者の考案した最新の農法が反映されやすかったことが理由だったように思う。

要するに池袋村は、めぐまれた農村だった。米や野菜はよく穫れるし、深刻な自然災害もない。あの「おっとり」の渋谷よりもさらにおっとりしているという点ではまさしく末っ子らしいともいえるけれど、この傾向は、維新後もまったく変わらなかった。

ＪＲ東日本の前身といえる日本鉄道会社がこの地にはじめて線路を敷いたのは、明治十八年（一八八五）の、品川線（品川－赤羽間）の開通のときだった。江戸城の西に、ながながと縦線を引いたのだ。設置された駅は南から北へ、品川、目黒、渋谷、新宿、目白、板橋、赤羽。

早くもあの「にしっこ三兄弟」の長男、次男の名はあらわれるけれど、池袋はまったく素通りである。目白と板橋のあいだの単なる線路。どころか人家がないのをいいことに信号所まで設置される始末で、わざわざ近代社会から、

――使いみちがない。

と捨て子にされたようなもの。

そんなわけだから、おなじ日本鉄道会社がその後、ｒの字状に支線をのばし、東の田端へ向かおうとしたときには、分岐の駅は目白だった。

いや、目白のはずだった。ところが鉄道の分岐というのは案外、土地がいるもので、しかも諸施設が必要になる。目白のような、すでに人家がたてこんでいる場所でそれをやるのは、施工の面からも住民感情の面からもむつかしかった。そこでこの鉄道会社はやむを得ず、くりかえすがやむを得ず、池袋信号所を駅に昇格させたのである。

丸ノ内線開業が起爆剤に

明治三十六年（一九〇三）、その支線が開通し、

――豊島線。

と呼ばれるようになると、駅は四つ設けられた。池袋、大塚、巣鴨、田端。

このの ち、このrの字をなす品川線および豊島線は、そのほとんどが東京をぐるりと一周する環状路線に組み込まれた。

現在の山手線の西半分である。大出世というべきだろう。池袋はいわば何の実績もないままというか、むしろ何の実績もないためにこそ表舞台にあらわれたわけで、ここでもまた途方もなく「めぐまれた」土地だった。人間でいえば、世間知らずの田舎のぼっちゃんが都会でいきなり巨額のビジネスチャンスをあたえられたようなものである。

もっとも、池袋は、このチャンスを生かせなかった。

その後もろくに発展しなかった。やっぱり、おっとり屋だったのだ。豊島線四駅でいちばんにぎやかだったのは大塚である。百貨店もあったし三業地もあった。三業地というのは芸妓の置屋、貸座敷、料理屋がそろった街のことで、つまりは色町である。ちなみに言う、このうち貸座敷のない街を「二業地」というが、このことばは三業地ほどには日本語に定着しなかった。何かしら心もとない感じがあるせいか。三という数字がやっぱり安定感があることの一証左になるかもしれない。

結局、池袋は、戦前はパッとしないまま終わった。他人まかせではだめなのである、人間はみずから努力すべきであるなどと教訓のひとつも垂れたいところだが、しかし池袋が戦後にあの「誕生日」をむかえ、ようやく都会としての最初の一歩をふみだしたのも、じつは他人まかせの結果だった。

末っ子にはみんなが手をさしのべてくれる、というわけでもないだろうが、とにかく前述のとおり池袋の誕生日は昭和二十九年（一九五四）一月二十日、この日はすなわち営団地下鉄（現・東京メトロ）丸ノ内線の開業日にほかならないのだ。

池袋－御茶ノ水間。ということは、この時点では、丸ノ内線なのにまだ丸の内に達していなかったことになるが（のち延伸）、それでもこの路線は、東京では銀座線につづく二番目の地下鉄だったし、さらに言うなら山手線の内側への侵入を果たしたという点でも銀座線につづく存在だった。

これ以降、池袋は人口が急増した。こうしてみると新宿、渋谷、池袋という「にしっこ三兄弟」は、誕生の時期はちがうけれども、誕生のしかたはいっしょだったと言うほかない。

地下鉄丸ノ内線、池袋－御茶ノ水間初列車発車式（『東京地下鉄道丸ノ内線建設史』より）

つまり人口増のパターンは同一だった。すなわち、

1　円周上
2　円外
3　円内

の三つの条件をみたしたときに、彼らは都会になったのである。具体的には、

1　山手線の駅が設けられる。
2　その駅が、山手線外への起点となる。
3　線内への起点にもなる。

わかってみれば、何ということはない。ごく当たり前のことだった。なぜなら都会が成り立つというのは遊水池が成立するようなもので、広い土地と、そこへ人間をながしこむ大河の水源が要《い》るのだから。

その広い土地は2によって、大河の引きこみは3によって、それぞれ実現するのである。この場合、その水源にあたるのが浅草、上野、神田といったような城東の伝統的人口密集地であることは、いまさら言うまでもないだろう。近代東京の人口は、大きく言えば、東から西へ滔々《とうとう》とながれた。そのながれの巨大な水たまりこそが新宿、渋谷、池袋であるという見かたもできるだろう。

ところで2の、山手線外への「起点」づくりは、この三兄弟の場合にはもっぱら民営鉄道が担当した。新宿ならば小田急と京王（民営ではないが現在のJR中央本線も入れていい）、渋谷ならば東急。

東急については前回で述べた。実質的な創業者・五島慶太が渋谷をターミナルと決め、そのまわりに関連会社や商業施設を配置して東急王国としたわけだが、池袋の場合、それにあたるのは西武鉄道といえるだろう。

実質的な創業者は、堤康次郎《つつみやすじろう》。

ピストル堤

五島慶太は生前「強盗慶太」などと世間から陰口をたたかれたけれど、こっちは、

——ピストル堤。

と呼ばれた。あだ名の由来はわからないが、まあ、どっちにしても温厚篤実な人柄でなかったことは確実だ。そのピストルは明治二十二年（一八八九）、滋賀県愛知《えち》郡八木荘《やぎしょう》村（現・愛荘町）の農家に生まれた。

五島慶太の七つ年下ということになる。田舎うまれの点でも共通しているし、両親が信心ぶかいという点もおなじである。いや、康次郎のほうは、五歳のとき父が病死して祖父母に育てられたから、祖父母が信心ぶかかったと言いなおすべきだが。

堤康次郎は、小学校の成績がとてもよかった。地元の名門である彦根中学への無試験入学をゆるされるほどで、入学手続きまで済ませたけれども、祖父が、

「彦根のような繁華なところで暮らしたりして、悪い人間になったらたいへんだ」

と心配したので入学をやめ、百姓になり、農業に関する本を読みに読んだ。その結果、

——リン酸肥料というのが、いいらしい。

という知識を得て、矢も楯もたまらず大阪へ出かけた。

大阪ではたまたま内国勧業博覧会という、政府主催の、殖産興業を目的とした展示会がおこなわれていたのである。時期からして明治三十六年（一九〇三）開催の第五回だろう。康次郎はそこで展示を見て、大阪硫曹という会社の社長をつかまえて、

「滋賀県では、リン酸肥料というのは誰も知りません。私に一手販売をやらせてください」

十五の小僧の直談判である。社長はもちろん話に乗らなかったが、意気に感じたか、馬車に二台ぶん売ってくれた。康次郎はこれを持ち帰り、ずうずうしくも家に、

硫曹肥料一手販売
堤清左衛門

の看板をかかげたのである。

清左衛門というのは祖父の名である。すなわち堤康次郎の最初の経済活動にほかならないが、

——開店当日に、売り切れる。

という本人の予想は大はずれ。誰ひとり来ないまま看板はひっそり下ろされた。宣伝も

啓蒙もしないのだから当然ではある。その後は粛々《しゅくしゅく》と百姓をつづけたけれど、やはり心に期するものがあったのだろう。祖母が死に、祖父が死ぬと田んぼを担保にして五千円の金を得て、東京に出て、早稲田大学に入学した。やはり頭がよかったのだ。

大学へ行くときは、人力車を使ったという。こんにちで言うなら毎日タクシーで通うようなもので、当時でもそうとうな贅沢だったけれども、これには理由がある。康次郎は入学後、会社を経営するようになったのだ。

原資はたぶん、田んぼの五千円だろう。これでさる毛織物会社の株を買ったところ大もうけになった。「半年たたないうちに五千円が六万いくらかになってしまった」とは本人の回想である。その大金もすかさず投資へまわして、日本橋の郵便局長の権利を買ったり、渋谷に鉄工所を所有したりしたのである。くりかえすが早稲田に在学中の若者がである。

堤康次郎（文藝春秋写真資料室）

もっとも鉄工所のほうは、卒業後つぶれ

てしまった。あとはお決まりの転落人生である。長野の山に石炭が出ると聞いては掘りに行って大損をし、雑誌を出しては廃刊になり、真珠の養殖をやっては失敗し……これでまあよくも身代を棒にふらなかったものだと逆に賛美したくなるけれども、想像するに、康次郎はこの傷を、株で癒やしたのではないか。

癒やせるだけの人脈を、彼はすでに持っていたのである。何しろ彼は、早稲田では政治学科に所属していたし、サークルは弁論部に所属していた。ことに後者は重要である。この組織は康次郎の当時も、こんにちも、国会議員や大臣をたくさん輩出していることで知られ（こんにちの名称は雄弁会）、特に当時の学生は、私たちが想像するよりもはるかに現役政治家との接触が多かったものらしい。

康次郎自身、晩年の大隈重信とじかに話したという。大隈はいうまでもなく早稲田の創設者であり、雄弁会の初代総裁であり、かつ二度にわたり内閣を組織した総理大臣経験者である。その大隈がまさしく総理大臣在任中に康次郎を呼び出して、金もうけさせてやろうということで、

「これを知っているのは、わが輩だけである」

と前置きして、貴重な情報をあたえてくれたとは康次郎自身が後年、日本経済新聞の連

載「私の履歴書」に記したところである。もっともこの大隈の情報は「わが輩だけ」どころか天下周知の事実だったので、何のもうけにもならなかったようだが、とにかくこの逸話がよくあらわしているような空気のなかに康次郎はいた。

　こうした行為は、いまではインサイダー取引とみなされる可能性がある。しかし康次郎および早稲田大学の名誉のために付け加えておくと、当時は一般に「内部取引」と呼ばれ、それ自体は違法ではなかった。私の目には、堤康次郎という人は、金もうけの才があるというよりは、むしろ意欲だけが化けもののように発達した人のように見える。才ある人はもっと様子がスマートなのではないか。

　とにかく康次郎は、こんなやみくもな失敗ののちに軽井沢と出会ったのである。

彼は広大な土地を買い入れた。軽井沢はもともと西洋人の避暑地だったから地名に華やかさがあったところへ、第一次大戦後の好景気により、日本人の金持ちにも手がとどく場所になりかけていた。そこへ康次郎があらわれて、人が住める環境をととのえた上で、建売り別荘の分譲を開始したのである。

　軽井沢という土地は、この瞬間、大衆化がはじまったといえる。康次郎もこれ以降は安定した。あいかわらず株の取引をつづけながら、軽井沢と同様の大網《おおあみ》打ちのやりかたで箱

根を手がけ、国立《くにたち》を手がけ、東京近郊の各地を手がけた。そういう土地開発業者としての康次郎のところへ、或る日、

——武蔵野鉄道の経営をしないか。

という話が来たことは、ここでは特筆されるべきだろう。なぜならば、これがつまり康次郎と池袋との邂逅《かいこう》の機だからである。

「不良少年」池袋

武蔵野鉄道はこのとき池袋－吾野《あがの》間という約六十キロの路線を持っており（後述する）、その沿線に百万坪の土地を持っていた。ただし破産寸前だった。康次郎がその経営を引き受けたのは、まちがいなく鉄道よりも百万坪のほうに興味があったにちがいない。引き受けてみると経営状態はほんとうにひどく、あんまり借金が多いため大きな駅には連日、貸し手の使いが来て、窓口で運賃収入のたまったところを持って行ったという。客の前にもかかわらずである。結局、康次郎は、その立てなおしに成功した。

武蔵野鉄道は、生き永らえた。ほかの会社と合併して、戦後は「西武鉄道」という名になり、現在にいたる。

だから最初のときの池袋－吾野間は、現在の西武池袋線ということになる。練馬、所沢、飯能を経由する。北を上にした地図で見ると山手線の左肩から左上へのびるような感じであり、吾野の先も秩父までのびた（秩父線）。

これに加えて、昭和二十九年（一九五四）には、営団地下鉄丸ノ内線が開通したことは先ほど述べたとおりである。これにより池袋はようやく例の、円周上、円外、円内の三条件をみたして大都会の様相を呈しはじめた。

大ターミナル、と言いかえてもいいだろう。だが渋谷とくらべるとどうか。渋谷はそれこそ、

――王国。

と呼ぶことができるほど東急色が濃厚だけれども、池袋には、現在にいたるまで、そこまでの西武色はない。

もちろん駅前にはおきまりの西武百貨店もあるし、少し離れたところには西武系のプリンスホテルもある。だが、ほかには目立つものはないのではないか。池袋では西武は影の存在に近いのだ。

たぶん堤康次郎には、あるいは康次郎の死後に西武鉄道の事業を継いだ三男・堤義明に

は、ターミナルの開発そのものに対する興味がとぼしかった。そういうことだろう。いったいに鉄道屋はターミナルの開発をこのんでやり（そのほうが乗客がふえるから）、不動産屋は沿線の開発をこのんでやるものだが（そのほうが土地の価値が上がるから）、その意味では、堤父子はどこまでも鉄道屋ではなく不動産屋だったのだ。

別の見かたをするならば、渋谷というのは鉄道屋である五島慶太に「手塩にかけられた」街である。いっぽう池袋は、養育放棄された街であるとまでは言わないにしても、何かしら不良少年になってしまったような空気がある。

精神が未整理な感じ、とでも呼ぶべきか。もちろん都会であるからには雑然とした風景、ごちゃごちゃした雰囲気はむしろ当然なのだけれども、その雑然に対するだけの総括感がないということは池袋のひとつの特徴であり、魅力でもある。次男と三男はそれぞれ個性がわかれたわけだ。

堤康次郎には、もうひとり後継者がいる。

西武グループから流通部門のみを切り離して継承した次男・堤清二である。清二の事業の中核は西武百貨店だったけれども、何しろ辻井喬《たかし》のペンネームで活躍した詩人・作家でもあるだけに、商売に文化の香りを持ちこむセンスが抜群だった。

その堤清二が、或る時期から、しきりと渋谷へ進出しようとした事実は興味ぶかい。最大の成功は渋谷パルコだろうか。彼にはもちろん東急への敵愾心《てきがいしん》もあっただろう。弟の堤義明に対する愛憎の念もあったろう。だがそれ以上に、そもそも彼の理想とする文化の姿には池袋という街の性格はあまり合致しなかったように思われる。兄弟とは厄介なものである。

第十七回　なぜ羽田には空港があるのか

東京国際空港。

わが国でもっとも重要なこの飛行機の発着場の置かれたのが「羽田」という名の土地だなんて、ずいぶん出来すぎた話で、まるで空港のために地名を創作したように見えるけれども偶然である。羽田の地名がむかしむかし、少なくとも戦国期から存在していることは史料ではっきりしている。当時は飛行機などなかったのだ。

地名の語源は、よくわからない。地形が鳥の羽のようだったからという説もあるけれど、私は、おなじ東京では「赤羽《あかばね》」や「赤羽橋」とおなじ事情ではないかと見ている。赤羽と赤羽橋はよく似た名だが、まったく別のところにある。

前者は北区、後者は港区。江戸城の北と南。どちらの地でも古くから良質の土が出たという。この場合の「良質」とは人間にとって使いみちがあるという意味なので、具体的には、つぶの細かい粘土である。陶器や瓦などの材料に向く。

私たち日本人は、こういう土を、特に、

――ハニ。

と呼んだのである。漢字では「埴」。そう、埴輪《はにわ》のハニだ。

初期の埴輪はほんとうに輪（円筒形）だった。そのハニの読みに、のちのち羽《はね》の字をあてたのが赤羽および赤羽橋なのである。きっと土の色も赤かったのにちがいない。羽田の地はもともと多摩川が海に出るときの三角州だから、それこそ田んぼのようにハニの大地がひろがっていたのではないか。

あるいは、海面の下でもいい。『古事記』にも櫛八玉神《くしやたまのかみ》の伝説があるではないか。料理の上手なこの神様は鵜《う》に化けて海底にもぐり、ハニを採って皿を焼いた、うんぬん。

もっとも、土はどこでも出る。人の暮らしが成り立つには産業というものが必要である。羽田のそれは、もちろんのこと、立地からして漁業でしかありようがなかった。戦国のころは人口もよほど少ない村だったろう。江戸時代には、のり（海苔）の養殖がさかんになった。

遠浅の地形を生かしたのである。養殖といっても素朴なもので、潮の引いたとき木の枝をたくさん立てておくと、潮がみち、のりの胞子が無数にくっつく。育ったところを収穫する。

この木の枝を「ひび」（篊）という。日比谷の地名はこれが語源という説がある。あそこも元来は似たような遠浅の地だったから、やはり何かの養殖がおこなわれていたのだろう。それが徳川家康の入府時に埋め立てられ、大名の屋敷地になったのは、これはもちろん江戸城が近かったから……というふうに補助線をひっぱると、羽田の事情もわかりやすくなる。のりの養殖に適するということは、要するに陸地化しやすいということなのである。

羽田の海も、或る時期から――徳川後期から――急に陸地化した。ただし江戸城には遠いから大名屋敷にはならず、田んぼになった。これはほんとうのおコメの田んぼだ。ずいぶん穫れ高も上がったようだが、しかしながら明治になると一転して、羽田といえば行楽地をさすようになった。

観光地だった羽田

行楽の中心は、羽田穴守《あなもり》稲荷だった。

穴守とは何だかおかしな名前だけれども、これは例の陸地化と関係がある。羽田のそれは基本的に、埋め立てではなく、干拓によっておこなわれたのである。

干拓とは、要するに排水工法である。陸《おか》から堤防の線をぐるりと引いて、海の一部をとりかこむ。なかの水を排出すれば田んぼになる、人が住める土地になる。

明治時代の穴守稲荷／『東京名所』
（国立国会図書館）

ポルダーというのはオランダ人の専売品ではないのである。ただしもちろんこういう干拓地は、水没の危険と文字どおり「となり合わせ」だった。何しろ堤防一本むこうは満々たる海なのだから、自然災害に遭ったり、維持管理をおこたったりで堤防に穴があいてしまうと海水でひたひたになってしまう。

田んぼのコメは全滅し、民家は浸水し、復旧にたいへんな費用がかかるだろう。その穴あきを防ぐために神様の来臨を乞い、祈りをささげる場がつまり羽田穴守稲荷だったのである。

神社そのものは徳川時代につくられたが、人気が出たのは、前述のとおり明治になってから。その門前には飲食店ができ、おみやげ屋がならび、温泉旅館まで営業していたというから大出世である。または大俗化である。戦後の箱根や熱海のような感じだろう。どうしてこんなに人気が出たのか。

いまはもう想像をたくましくするほかないが、ひとつには、この干拓地というもの自体のめずらしさがあったのではないか。一般に、この工法で成立した陸地は、外海《そとうみ》よりも海抜が低くなるからである。

いわゆる「ゼロメートル以下」である（埋め立てなら逆に高くなる）。ほんのわずかの差とはいえ、そうして堤防ごしとはいえ、足もとの地面よりも高いところに海面があるという風景はなかなか新鮮だったのではないか。それともうひとつ、ここへ来る客たちは、地理的に、ふだんは東京から横浜にかけての地域に住む人々が多かった。この地域は海に親しいように見えるけれども、じつは山や谷にこまかく刻まれていて、日常生活では意外と海は見えにくい。その点でも羽田は貴重な旅行先だったわけだ。

いずれにしても彼らの主たる目的は、自然景観よりも、神社仏閣よりも、むしろ夜の飲食のたのしみにあったのだろう。とにかくこのようにして、羽田の地は、観光地として明治大正の世をすごした。

それが昭和に入るとまた、べつのことで有名になる。そう、飛行機である。羽田の地には、昭和六年（一九三一）八月二十五日、日本初の民間機専用飛行場が開場したのである。飛行場の名は「東京飛行場」。こんにちの羽田空港である。もちろんそれまでも飛行機を離発着させる場所はたとえば所沢にあったし、立川にもあったけれど、所沢のそれは陸軍専用だった。

立川のそれは陸軍と共用である上に都心から遠く、あまり便利ではなかった。それらの不自由をいっきに解決すべく、羽田の地はどっと税金を投じられたのである。東京飛行場は民間機専用ではあるけれど、飛行場そのものは国営だった。

余談ながら飛行場完成後、最初に離陸したのは大連ゆきの機だった。いちおう旅客便だったようだが料金が高く、座席はがらがらで、この一番機の客席には鈴虫と松虫、合計六千匹が搭載されたという。大連には東京ふうのカフェー（女性の接待をともなう夜の酒場）があり、その店内に置くものだったとか。

よほど日本人客の多い人気店だったのだろう。なお東京飛行場の建設と運営を担当したのは逓信《ていしん》省、いまは総務省と日本郵政グループに分割されている中央官庁だった。やはり旅客よりも郵便や貨物のほうが想定されていたわけだ。

ところでそもそも逓信省は、どうして羽田の地をえらんだのか。

もちろん都心に近いというのが第一だが、いろいろ調べても明確な意志のようなものは見受けられない。要するに、

——たまたまそこに、十六万坪の埋立地があった。

というのが真実らしい。

そんな都合のいい話があるかと私もこれを書いていて思うけれど、当時の地図で見ると、この十六万坪というのは、あの穴守稲荷の観光地にぴったり隣接している。地主がゆくゆく歓楽街を拡張するつもりで埋め立てておいたのを（これは干拓ではないらしい）、ちょうどいいとばかり国に召し上げられたという話だろうか。国にしてみれば飛行機というのは何としても墜落の恐れがある。民家の上に落とすわけにはいかない。海に突き出た羽田の地はその点でおあつらえむきだったにちがいない。

つねに時代の最先端

以上、順番に整理すると、羽田の歴史はこのようになる。

1　徳川初期にのりの養殖がはじまり、

2　徳川後期に新田開発で陸地がひろがり、
3　明治期に観光地化し、
4　昭和六年に飛行場が完成した。
そのつど陸地は大きくなり、東京湾は小さくなったわけである。整理したら、おもしろいことに気づく。羽田はじつは、つねに時代の最先端を行っているのだ。

まずは、のりの養殖である。養殖という漁業形態自体ももちろん新しいのだが、それ以上に、のりという食材が大あたりだった。

とりわけ板状にして乾燥させた「干しのり」は、浅草のりと呼ばれ、江戸という大都市における大消費財になった。上等の品はよほど高く売れたにちがいない。ほとんど栄養にはならない——摂取量がごく少ないから——のにである。徳川の世では平和がつづき、市民の生活水準が向上したことで、栄養よりも風味をたのしむという食のありかたが生まれたのだ。

いうなれば、実よりも虚。これは明治期の観光にも通じる。観光というのは具体的なモノよりも、むしろ経験という無色無形の何かを得るために時間と金をかける行為にほかならないからである（おみやげは買うわけだが）。観光とは明治の流行の最先端だった。それはたしかである。

むろん徳川時代にも、人々はたとえば目黒不動へ参詣したわけだけれども、あれは基本的に日帰りだった。市井《しせい》に生きる人々が、自然景観と神社仏閣とに加えて、いわゆる「ふろ、めし、ねる」までをも娯楽にできるようになったのは近代特有の現象である。羽田はその目的地だった。物見遊山というやつは、日帰りと泊まりがけでは別ものなのである。

昭和初期の飛行機はいうまでもない。結局のところ羽田というのは、のりにしろ、観光地にしろ、飛行場にしろ、都会の市民が、

「これがほしい」

と言ったとき、

「さあどうぞ」

とすぐに手を挙げることのできる、その即応性の高さによって流行にむかえられたように見える。反射神経のいい土地なのだ。いったいに都会というのは、特に都心は、田舎とくらべると時間のながれが圧倒的に速く、空間のゆとりが圧倒的に少ないものだけれども、その両方にいっぺんに答が出せるのが羽田だった。或る意味、羽田は「都会の田舎」なの

である。

二十一世紀の現在、そこにはもう空港しかない。

右の箇条書きでいえば、4しか残っていない。1ののりの養殖はとっくのむかしに消えてしまったし、2の田んぼも宅地化された。

3はある。その神社はいちおう京浜急行空港線「穴守稲荷」駅から歩いて数分のところに鎮座している。

かつての地に残された鳥居

私は最近、そこを訪ねた。往年のにぎわいは見られなかった。境内はとても静かだったし、まわりは旅館もおみやげ屋もなく、ただの住宅地だった。それはそうだ。この神社はもともとここにはなかったのである。

昭和二十年（一九四五）、日本は戦争に負けた。

進駐軍が来た。彼らがさっそく東京飛行場を接収し、拡張しようとしたのは当然だったが、その拡張のため、

――周辺の施設はとりこわす。住民は四十八時間以内に立ち退け。

終戦後の混乱期とはいえ、時間のながれのあまりに速すぎる命令だった。これにより住民約三千人、千二百世帯が土地を追われ、穴守稲荷のあったところは東京飛行場の、いや、米軍施設ハネダ・エアベースの敷地となった。観光どころか日本人は立ち入りが厳禁されてしまったのである。

かろうじて移転した先が、つまり現在の場所なのだった。住所は大田区羽田だそうだが、その境内の静かさは、ひょっとすると、東京というよりもむしろ地方の鎮守に似ているかもしれないと思ったりした。

第四章　戦後

第十八回　なぜトットちゃんには自由が丘がぴったりだったか

トットちゃんは問題児だった。小学校に入った早々、授業中にもかかわらず窓ぎわに立って外を見はじめたかと思うと、大きな声で、

「チンドン屋さーん」

と通りへ呼びかけたりした。

呼ばれたからにはチンドン屋は来る。わっと児童が集まってしまう。まったく授業にならなかった。図画の時間には先生が、

「国旗を描いてごらんなさい」

と言ったところ、日の丸でなく軍艦旗を描いたのはまあ目をつぶるにしても、その軍艦旗のまわりに黄色い房をつけだしたのは異常だった。黄色い房は画用紙をとびだして、机を盛大によごしたのである。

　トットちゃんは毎日のように廊下に立たされ、退学になった。ママはあちこち奔走し、ようやく、トモエ学園という私立の小学校のあるのを見つけた。東急大井町線「自由ヶ丘」駅でおりて行ってみる。校長室に入る。小林宗作《そうさく》という名前の校長先生は、ママに、

「じゃ、僕は、これからトットちゃんと話がありますから、もう、お帰りくださって結構です」

　ふたりっきりになると、

「さあ、なんでも、先生に話してごらん。話したいこと、全部」

　トットちゃんはそれから四時間もしゃべりつづけた。校長先生はあくびもせずに聞いてくれて、最後に、

「じゃ、これで、君は、この学校の生徒だよ」

　ご存じ『窓ぎわのトットちゃん』冒頭の光景である。主人公のトットちゃんが著者の女優・黒柳徹子自身であることも国民的常識に属するだろう。これは昭和十五年（一九四〇）くらいのことと思われるので、小林宗作は四十代後半だったはずである。右の小さな逸話ひとつ取っても強固な教育的信念をうかがわせる。

ただし厳密には、彼はトモエ学園を一から作ったのではない。もともとその場所にあった、別の経営難の小学校を買い取ったのであり、そういう意味では二代目である。その「初代」こそ自由ヶ丘学園、あのトットちゃんが電車をおりた駅の名前の由来である小学校にほかならなかった（羽仁もと子の自由学園とは別）。

自由ヶ丘学園の創立者は、手塚岸衛《きしえ》。

男性である。明治十三年（一八八〇）栃木県塩谷郡大宮村に生まれ、福井県師範学校、京都府女子師範学校などで教鞭《きょうべん》を執《と》った。

師範学校というのは小学校の先生の養成のための学校だから、いまならさしずめ地方大学の教育学部教授というところか。もっとも、この人は、あんまり風雲の志がありすぎた。早くから、

――自由教育。

を標榜《ひょうぼう》し、ジャーナリズムに進出したのである。

この「自由教育」というスローガンに関しては、こんにち思想史的に見て、いろいろ解釈の余地があるようだが、実際の態度をひとことで言うと、

――小学校の先生は、子供の話を聞かなければならない。

こんなことを言うと「当たり前だ」と言われそうだが、当時は当たり前どころではなかった。むしろ急進的で非常識な態度だった。なぜなら維新直後の学制発布以来、「いい先生」というのは威圧感ある先生であり、生徒に口ごたえさせない先生であり、準備をしっかりした上でよどみなく一方的に知識をそそぎこむ先生であるというのが社会のゆるがぬ常識だったからである。

教師というより上官に近いか。子供の話を聞くなどというのは単なる指導力の欠如であり、子供をなまいきにするだけの不誠実な対応にすぎないというわけ。手塚はその「不誠実」をつらぬいたのである。

黒柳徹子（文藝春秋写真資料室）

自由民権運動の影響

時あたかも大正デモクラシーの勃興期である。新しい思想は、若い教師や一般市民の絶大な支持を得た。

旧態依然たる教育現場を改革せよ。「自由教育」は一種の流行語になった。

手塚自身も、どんどん有名になった。関係者のみの集まる会議での発言までもが「東京日日新聞」や「大阪毎日新聞」にとりあげられたというから時代の寵児である。手塚もさらなる手を打った。もっと世間の関心を引くべく、もっと人気を勝ち得るべく、以下のような「教育改造節《ぶし》」までこしらえたのである。

一番から十番まであるけれども、ここではその特徴のよくうかがわれるものを抜き出そう。

一ツトセー　人の子害《そこな》う教育を先ず一番に打破れ。ソレ改造ダネ！
四ツトセー　世の人醒めよ鶏がなく。個性個性と鶏がなく。ソレ改造ダネー
五ツトセー　猪《い》の鼻台《はなだい》から鐘がなる。自我に醒めよと鐘が鳴る。ソレ改造ダネー
六ツトセー　無理をしないで伸び伸びと、児童本位の自由主義。ソレ改造ダネー

銚子の民謡「大漁節」の替え歌というから、おそらく「アーコリャコリャ」などと合いの手が入るのだろう。「猪の鼻台」とは千葉市の地名。現在の表記は「亥鼻台」。当時、手塚は、千葉師範学校附属小学校（現在の千葉大学教育学部附属小学校）の教師だったが、

その職場の所在地を、あえて歌詞のなかにぶちこんだわけだ。

よほど自信満々というか、戦闘的というか。少なくとも手塚が温厚柔和なジェントルマンでないことはこの一事からも明らかだろう。ところでこの「教育改造節」は、じつのところ、先行作品があったと私はにらんでいる。手塚の時代を三、四十年さかのぼる、いわゆる自由民権運動である。

自由民権運動については、前にも述べた。板垣退助をはじめとする高知県士族を中心とした血気さかんな連中が、国会開設、憲法制定などをもとめて東京政府にさかんに喧嘩を売った、あの一大騒動である。

ひらたく言うと、日本ではじめて「自由」の二字を流行語にした運動。あれもまた新聞という最新のジャーナリズムを大いに利用したものだったが、その一環として、やはりおなじ銚子の「大漁節」の歌詞を変えて、「民権かぞえ歌」なるものをこしらえたのだ。

作詞者は、植木枝盛《えもり》と伝えられる。ここでは二番だけ抜こう。

一ツトセー　人の上には人ぞなき　権利にかわりがないからは　コノ人じゃもの
三ツトセー　民権自由の世の中に　まだ目のさめない人がある　コノあわれさよ

手塚岸衛の重視するのが子供の個性であり、板垣、植木のおもんじるのが人民の権利であるという差はあるものの、両者の態度は共通している。自分たちを「めざめた人」とし、社会の保守層を「目のさめない」愚昧な人であると規定して、その覚醒をうながすという一種の傲慢な態度である。

ことば本来の意味での「啓蒙主義」といえようか。どちらにしても、こんにちの目にはまだまだ泥くささの残るこういう主張のあげくの果てに、手塚岸衛は昭和三年（一九二八）三月、満を持して自分の小学校を創立したのだ。

すなわち自由ヶ丘学園である。理想の実現、正義の証明。しかしながら結論を言うと、彼はかなりの経営難に直面し……いや、その前に、地名について触れておこう。この学園の建った場所は、もともとは、東京府荏原《えばら》郡碑衾町《ひぶすままち》と呼ばれていた。

この住所からもわかるとおり、東京市外である。おそらくは国木田独歩が『武蔵野』に描いたのとさほど変わらない、雑木林の多い土地だったのだろう。

それが手塚の学園創立により、地名のほうが変わってしまった。流行語の後光かがやく「自由ヶ丘」（現在の表記は「自由が丘」）に……などと言うことができれば話は単純でいいのだが、実際には、それ以前から変わっていた可能性がある。これに関しては今回、私もいろいろ調べたのだが、資料によって記述が異なり、にわかに決しがたい。とにかくひとつ確実なのは、昭和四年（一九二九）、ということは学園創立の一年後に、東急が、最寄りの駅名を変更したということだった。

それまでの「九《く》品仏《ほんぶつ》」を「自由ヶ丘」にしたのだ。これは明らかに学園の存在によるものである。この駅名変更により「自由ヶ丘」の名がきゅうに東京全体の市民の耳目《じもく》になじんだであろうことを考えると、事実上、この地名は、手塚岸衛が生みの親としていいのではないか。けれどもその生みの親ですら、つまるところ学園本体の経営難をのがれることができなかったのは、しょせん彼が、

——理論家であって、実践家ではなかったからだ。

などと大局的に決めつけるのは、やや早計なように思われる。

新しい経営者に

いっときは小学校に加えて幼稚園、中学校をも併設するところまで行ったのである。だがその中学校の生徒ときたら、勉強はしない、喧嘩はする、カフェーには出入りする。

カフェーというのは、女子従業員による接待をともなう飲食店である。酒も出した。当時の東京では公立校のほうが圧倒的に世間受けがよく、教育の質が上という社会通念があったから、私立校にはなかなか質のいい生徒があつまりにくい、という事情があったらしい。きつい表現をあえてするなら、落ちこぼれの受け皿になっていたのだ。

（なお同学園の中学校〔旧制〕は、いまもなお自由ヶ丘学園高等学校という名で存続している。その教育は「生徒が主体的に学ぶこと」を重視している由で、このへんはあるいは手塚の意志の継承かもしれない。進学実績もいいようだ。戦前のごとき喧嘩だのカフェーだのいう学校でないことはもちろんである。）

経営難は、深刻になった。職員の給与は遅配となり、地代は払えず、手塚はたびたび債権者から返済をきびしく催促された。

ジャーナリズムの寵児も、お金の問題には勝てなかったのである。心身ともに疲労し、糖尿病をわずらい、昭和十一年（一九三六）十月七日、死去。

享年五十六。そもそもの学園のはじめからわずか九年目の死であることを考えると、これがなければもう少し長生きしたのではなどと思わざるを得ないが、その手塚の死後、幼稚園と小学校を買い取り、「トモエ学園」と改名し、あらたに経営にのりだしたのが小林宗作、そう、あのトットちゃんのおしゃべりに四時間も耳をかたむけた校長先生にほかならないのだ。

小林宗作は、明治二十六年（一八九三）群馬県うまれ。

トモエ学園跡地の碑

手塚岸衛の十三歳年下ということになる。小さいころから家の前の川のほとりで指揮棒をふって遊んでいたという音楽ずきで、東京音楽学校（現在の東京藝術大学）師範科を卒業し、成蹊小学校の音楽教師をつとめ、二年間のヨーロッパ留学で最新のリトミック教育をまなんだあげく独立した。くりかえすが自由ヶ丘学園の幼稚園と小学校を買収したのである。

小林宗作の教育は、トモエ学園の教育はと言いかえてもいいが、いま見ても泥くささがまったくない。まことに垢ぬけしたものだった。

またもや『窓ぎわのトットちゃん』からの引用になるが、トットちゃん＝黒柳徹子は、伊豆へ臨海学校へ行く

さい、この校長先生が、

「いいかい？　汽車にも船にも乗るよ。迷子にだけは、なるなよな。じゃ、出発だ！」

とだけ言ったことを記しとどめている。いまの教師でも口をすっぱくして言わなければならない、

――ならんで歩くこと。

とか、

――電車では静かに。

とかいう注意はなかったという。記憶の誇張もあるのかもしれないが、小林宗作は、それだけ子供を信頼したのである。トットちゃんにはぴったりの学校だった。

その新しい学校ではもう、トットちゃんは授業中にチンドン屋に話しかけたりはしなかった。前の学校の先生が見たら、

「人ちがいだわ」

と言うにちがいないくらい、それくらい自分の机にきちんと座って授業を聞いた。おそらく戦前の「自由教育」は、ここでひとつの完成を見たのである。大正デモクラシーの完成、と言いかえてもいいかもしれない。

日本語の「自由」という語も、ここで大きく変化した。

板垣退助的、手塚岸衛的な泥くささから、小林宗作的なスマートさへ。意味の大型アップデート。してみるとトモエ学園そのものは空襲で焼けてしまったけれど、いまの自由が丘の「自由」な空気は、空気そのものが手塚岸衛と小林宗作の合作といえる。

女子受けのするおしゃれなベーカリーや雑貨屋。カトレア通り、女神通り、しらかば通りなどの小径の名前。しんとした高級住宅街……現在は目黒区に属する。二十三区内ということは、戦前の感覚でいえば東京市内に属して都会のイメージを先導している。

第十九回　なぜ寅さんは葛飾柴又に帰って来たのか

菊池寛が戯曲「父帰る」を書いたのは大正六年（一九一七）。三年後初演。この芝居はたちまち大あたりを取り、全国いたるところの劇場や芝居小屋で上演されたと思われる。「思われる」などと曖昧な言いかたになるのは、実態がよくわからないからだ。当時はまだ現在のように著作権制度が整備されておらず、特に地方では、著者にも版元（新思潮社）にも許可を得ないで巡業した例がそうとうあったにちがいない。

著者および版元は、そのぶん経済的損害をこうむったわけだ。いきなり余談で恐縮だけれども、第二次大戦後まもなく田村泰次郎の中篇小説『肉体の門』がベストセラーになり、それを脚色した演劇までもが東京で大人気になったことがある。

この時期に、田村がたまたま九州のどこかへ旅行に出かけた。そうしたら旅一座の小屋があり、お客がたくさん入っていて、呼びこみ用のノボリには墨痕淋漓《ぼっこんりんり》、「肉体の門」と演題が書かれていたとか。

どんなカンヌキのお芝居だったのだろう。これももちろん田村や版元（風雪社）の許可を得ていない、粗悪なコピー商品だったわけだ。

ともあれ菊池寛「父帰る」である。戦前を通じて最も成功した大衆演劇のひとつであることはまちがいないが、それは意外にも短い。一幕物の、文庫本でたった二十ページくらいの物語。

あらすじもシンプルだ。舞台は「南海道の海岸にある小都会」とあるから高松だろう。妻と三人の子供をすてて愛人といっしょに家を出た父・宗太郎が、二十年ぶりに帰ってきた。

宗太郎はすっかり落ちぶれていた。妻と次男と娘はよろこんで迎えようとしたけれども、長男・賢一郎だけは、

あなたは二十年前に父としての権利を自分で棄てている。今の私《わし》は自分で築き上げた私じゃ。私は誰にだって、世話になっておらん。

と父に言いはなつ。

そうして父を追い出してしまうのである。自分こそが一家をささえ、弟妹をここまで育てたのだという事実と、自負と、うらみの念。

このとき妹はちょうどお見合いの話が進んでいたということも、話の全体に微妙な影を落としている。家庭の騒動はもっとも注意ぶかく避けられるべき時期なのである。そんなわけで「父帰る」は、正味のところ、父帰れずの話なのだった。

この「父帰る」のストーリーを、もしかしたら、あの映画『男はつらいよ』を製作するとき監督・山田洋次はそうとう意識したのではないか。私はそんなふうに目をつけている。

あるいは脚本担当の森崎東かもしれないが。何しろ昭和四十四年（一九六九）に公開された第一作の話の発端からして、車寅次郎（演者は渥美清）がふるさとの葛飾柴又へ帰って来たのは二十年ぶり。

くりかえすが二十年ぶりだ。経済的には困窮していないようだが、しかし成功には遠い様子。妹のさくら（倍賞千恵子）は帝釈天《たいしやくてん》門前の草団子屋に世話になっていて、お見合いの話が進んでいる。そう、『男はつらいよ』とは、つまり「兄帰る」の話にほかならないのだ。

そうして寅次郎は、あの「父帰る」の父・宗太郎とはちがって、あっさり敷居をまたいだ。

草団子屋のみんなに歓迎された。酔っ払ってさくらのお見合いをぶちこわしても追い出されないし、自分勝手な感傷から奈良へ旅に出たときも、またまた平然と帰って来た。ことほどさように『男はつらいよ』は、万事、ほどがいいのである。菊池寛「父帰る」をぬるま湯につけたような世界。

結局、これは戦後で最も成功した大衆映画になる。ここでもやはり「父帰る」の正統的な後継者。平成二十六年（二〇一四）に出たリマスター版DVDの惹句は、

> 堂々27年にわたる下町人情大河喜劇映画シリーズの記念すべき第1作！

だ。

そうして、その寅次郎の帰り先として、

渥美清（文藝春秋写真資料室）

山田洋次があえて葛飾柴又をえらんだのは大成功だった。東京の人の目には地方じみて見え、地方の人の目には東京らしく見えるという絶妙の距離感が東京、地方それぞれの観客たちの複雑な自尊心に傷をつけることをしなかったという事情もさることながら、葛飾もまた、土地柄そのものが微温的なのである。あるいはいっそ、寅さん的であると言ってもいいかもしれないのだ。

もとは広大な野原だった

葛飾は、現在の行政用語では東京都葛飾区。

皇居（江戸城）から見ると北東の方角にあり、千葉県と境を接するが、もともとは武蔵国ではない。

全域が下総国に属していた。全域といっても古代においては文字どおり葛《かずら》の原がただひたすら広がるのみ。境界などはなかったろう。その範囲はどうやら現在の千葉県、茨城県、埼玉県にまで及んでいたらしいとだけは今日わかっているけれど、それにしても広すぎる、というより茫々《ぼうぼう》としている。

その茫々たる葛飾の大地の最西端、江戸川の西の部分のみが、徳川時代に入ってから切り取られ、武蔵国へ編入された。

編入の理由はさだかではないが、おそらく河川改修の関係ではないか。徳川時代の特に初頭は、水路の整備、および洪水の防止のため上流でひんぱんに川のつけかえがおこなわれており、その工事のあおりを受けて、下流は水量が安定しなかった。それで住民たちが対岸へわたりづらくなり、人心の上での分断が起こり、西側がべつの国になったわけだ。

とはいえ、所属国が変わったところで土地そのものは変わらない。「武蔵葛飾」はやっぱり千葉県、茨城県、埼玉県のほうの「下総葛飾」と似たような風景でありつづけた。こんにちの私たちは要するに地平線まで緑の田んぼが広がるというような単調な絵を思い浮かべればよく、その農場の大規模ぶりは、たとえば渋谷や池袋のごとき近郊農村などはくらべものにならない。それはそうだ。直線距離で測るなら、江戸城から「武蔵葛飾」までのそれは渋谷や池袋の二倍はあるのだもの。

行政的なあつかいも「下総葛飾」と同様で、幕府直轄領ながら、その民政を担当するのは関東郡代という地方官だった（渋谷村と池袋村は大部分が江戸の旗本領）。現代に比して言うなら東京二十三区ではなく千葉県浦安市、茨城県古河市、埼玉県幸手《さって》市とおなじと見なされたわけである。

例の柴又帝釈天、正式には日蓮宗経栄山題経寺《きょうえいざんだいきょうじ》というが、その帝釈天もおおむね右記の武蔵編入とおなじときに開創されたらしい。庚申《こうしん》信仰がさかんだったというけれども結局は地方の大寺《おおでら》という以上の何ものでもなく、江戸府内から物見遊山で来る人もいなかった。本格的に参詣客がふえたのは大正二年（一九一三）、京成金町線が開通してからではないか。電車でも使わなければ都心からの日帰りは無理だったのである。

つまり葛飾という土地は、都会ではなく、郊外でもなく、地方の中心都市でもない。それらの空隙《くうげき》をうめる充填剤のような土地。ただのびのびと陽の光をあびて米をつくり、年貢をおさめさえすれば万事よし、そんな大らかなところだった。国家に対して、地域に対してどういう責任を負うこともない、番外地的な土地なのだ。

もちろん水害や干魃《かんばつ》などで米がとれない年もあったろうが、それは自然災害のせいにできる。そういうのんびりした土地が近代に入ってそのまま東京府ないし東京都に組み込まれたというだけの話だから、葛飾は、いってみれば、東京でもっとも首都らしくない街になった。

東京のなかの下総国、ともいえるだろうか。こういう土地のありように正確に、まことに正確に見合う人物として、あの『男はつらいよ』の車寅次郎は造形された。

山田洋次監督以下の製作陣がどこまで意識したかはわからないにしろ、寅次郎とはすなわち葛飾であり、葛飾とはただちに寅次郎である。これはまちがいのないことだった。『男はつらいよ』のおもしろさとは、とどのつまり無責任な兄が無責任な土地に帰って来ることの気安さにひとしい。陰気な話にはなりようがなく、そのへんが、ふだんは義務と責任で押しつぶされそうな日々を送っている大人の観客にとって一種のファンタジーになり得たのだ。

柴又駅

ちなみに言う、葛飾の地は、じつはもうひとり「下町人情大河喜劇」シリーズの主人公を生んでいる。

秋本治の漫画『こちら葛飾区亀有公園前派出所』の両津勘吉である。あの両さんもまた葛飾の地の制服警官でありながら勤務中に酒を飲んだり、競馬場へ行ったり、ところかまわず発砲したりと無責任のかぎりをつくして反省しない。その点では車寅次郎と同一人物、典型的な葛飾人間。これに対して菊池寛「父帰る」の舞台は、くりかえすが高松だった。香川県の県庁所在地であり、徳川時代には高松城にお殿様がましましていた街。

そのお殿様とは、松平家の人々だった。水戸徳川家の分家の血すじ。彼らは高松藩十二万石を統治しつつもつねに四国の代表という意識があったし、江戸城へ行けば国家の趨勢ともつながりがある。

その風《ふう》は、おのずから町人等もまきこんで街全体の風となっていただろう。そんな責任まみれの街に見合うのは『男はつらいよ』のぬるま湯ではない。「父帰る」のきびしい秋霜のほうだった。

――男は、つらいよ。

とほんとうに言いたいのは、あの父を追い出した長男・賢一郎のほうだったろう。大正当時の日本を支配していた、親への「孝」は絶対的であるという同調圧力にさからってまで母や弟や妹をまもり抜かなければならなかった事実上の家長。

第二十回　なぜピカチュウは町田で生まれたのか

東京都は東西に長い。その東のどんづまりの猫のひたいに二十三区がつめこまれているため（離島はここでは考えない）、中西部は、面積的には圧倒的大部分を占めるにもかかわらず「その他大勢」的なあつかいをしばしばされる。

なかでも町田はひどいもので、八王子や立川や三鷹やあきる野と同様、東京都に属することはまちがいないのに、しばしば住民みずからが、

「俺たち、神奈川県民だし」

などと言うという。むろん冗談または軽い自虐なのだろうが、地図の上で見てみると、たしかにその市域は、町田半島とでも呼びたいほどに南へぐいと張り出している。

神奈川県にくいこんでいる。なるほど領土問題（？）も発生するわけだ。もっとも、そんなことを言いだしたら武蔵国そのものが古代においては中途半端な存在だったわけで、

光仁天皇のころ、宝亀二年（七七一）には奈良の朝廷が、武蔵国を、

——東山道から、東海道へ編入すべし。

という命令を出している。

ここでの「道」は街道ではない。北海道の「道」とおなじ、地域区分名である。だいたいのところ現在のJR中央本線沿線地域から東海道本線沿線地域へ移籍させられたわけで、朝廷からすれば、まあ、

——どっちでもいい。

そんな辺境国の問題にすぎなかったのだろう。なお当時、武蔵国は主都（国府という）が現在の府中にあったから、その文明の度は中西部のほうが高かった。東部は文明の度が低いという以前に、そもそも海の下だったはずである。東京都はむかしは地形的にも、文明的にも西高東低だったのである。

江戸時代になると、おなじ中西部でも八王子、日野、内藤新宿（新宿）といったような甲州街道ぞいの街はにわかに精彩を放つようになった。人の往来の多さもそうだけれど、住民たちの心理としても、街道を行けばじかに江戸へ、あるいは江戸城へ、ぶつかる感じが自慢だったのである。

将軍様の準「おひざもと」。たとえば幕末に、近藤勇、土方歳三、沖田総司といったような新選組の連中がそこから出たのは偶然ではない。彼らが生まれる以前から、これらの街は、そもそもが首都の防衛前線といったような自覚の空気が濃厚だったので、新選組はただその空気に忠実だったにすぎないともいえる。町田はそれとくらべると、甲州街道にも遠く離れ、江戸とも離れて、一貫して歴史上の重要人物を輩出することをしなかった。ただの農村でありつづけたのである。近代に入っても事情は変わらず、昭和二年（一九二七）四月に小田急線が開通したことでようやく少しずつ都心への通勤者が住みつきだしたという程度だから自然もふんだんに残っていた。町田にほんとうに開発の手がのびたのは、戦後、昭和三十年代からである。

無個性の街だったからこそ

高《こ》ヶ坂《さか》団地、森野団地、木曽団地、鶴川団地、境川団地……それらの大規模開発のおそらくまったただなか、昭和四十年（一九六五）に、田尻智《さとし》は生まれた。のちにロールプレイングゲーム「ポケットモンスター」を創り出し、世界的な人気を獲得することになる彼の目には、町田はこのように変化していたのだ。

> ザリガニとかクワガタが捕れてた山が、半年とか一年の間に発破でボカーンと崩されて崖のようになって。
>
> あるいは、
>
> そういうザリガニを手づかみで捕るような場所もあったんだけど、それが１９７８年を境に、ほとんど新興住宅の宅地造成が完了する。田んぼも雑木林もみんな住宅地になって、近所の釣り堀がゲームセンターになるっていう。

引用は『田尻智　ポケモンを創った男』（二〇〇九、メディアファクトリー）より。インタビュアーは宮昌太朗。

もっとも、このとき田尻少年はまだ中学生くらいで、懐旧の情にひたる年ごろではない。新しいゲームセンターができたらできたで、熱心に通いだし、ゲームの世界にのめりこみ、そのあげく仲間たちと「ゲームフリーク」という同人誌を出したのである。

なーんだ同人誌かとあなどるなかれ。そのころ宇都宮に住んでいた、田尻よりも六つ年下のゲーム好きの小学生（私である）でさえその名を知っていて、

「いっぺん、読んでみてえなあ」

などと友達に言っていたほどの伝説的な存在である。田尻はやがてゲームそのものの開発に手をそめるようになり、数作を世に出したあと、満を持してというような感じで初代「ポケットモンスター」を出したわけだ。

正確にはゲームボーイ用に二作同時発売された「ポケットモンスター赤」「ポケットモンスター緑」が初代にあたる。発売は任天堂。

町田の木曽団地（東京都）

その初代発売から二十年あまり。現在はスマホ用「ポケモンGO」の流行もあって、それこそ田尻よりも年上の人々の心までしっかりつかんでしまったけれども、念のため、基本的なルールをおさらいしておこう。全作に共通するのはポケットモンスターと

いう架空の生きもの（以下「ポケモン」と呼ぶ）が野原や、林や、川や、海や、いろいろなところで野生の状態で出現すること。

ねずみポケモンの「ピカチュウ」は右総代というべき存在だが、ほかにも椰子《やし》の木に材を採った「ナッシー」やら、岩石に腕がはえた「イシツブテ」やら、小さな妖精の「ピッピ」やら……。

もしも『古今和歌集』の編者が見たら、きっと、

――生きとし生けるもの、いづれかポケモンにならざりける。

と反語をもちいたに違いないと思わせるほどの数の多さ。種類の多さ。プレイヤー（主人公）はそれらを捕まえて、育てて、強くして、いっしょに遊んだり、べつのプレイヤーのそれと戦わせたりすることができる。

あるいは交換することもできる。これが基本的なルールである。非日常の冒険というより日常の延長、放課後や夏休みの時間の魅力。ところでこのいとなみは、あらためて考えると、ほかの何かに似ていないだろうか。

くりかえすが野生、捕獲、飼育、強化、戦闘、交換……そう、昆虫採集だ。田尻がおさないころ豊かな自然のなかでザリガニやらクワガタやらに親しんだ、あの経験の電子版。

田尻自身、右に挙げた本でこうも述べている。

> ……でも、『ポケモン』をつくる可能性が出てくるのは、その辺に気がついたときですよね。「俺、ゲームを始める前に夢中になったことがあったよな」って。

そうしてこのさい、田尻少年の育ったのが町田という開発のおくれた、東京でも神奈川でもどっちでもいい、歴史上の人物のまったく出なかった無個性の街であることは千金に値する。皮肉ではない。もしも町田が、たとえば奈良や京都のような風光明媚な古都だったなら？　浅草や銀座のような大にぎわいの商業地だったなら？

伊勢のような日本一の門前町だったり、鹿児島や山口のような明治維新の震源地だったたり、横浜や神戸のようなハイカラな港町だったりしたならどうだったか。それらの街の過剰な個性は、過剰さの故に、微妙にポケモン個々のデザインに影響をあたえたかもしれない。あるいは「ポケットモンスター」というゲームの世界観そのものに作用したかもしれない。そんなふうに思うのだ。

これは作家の妄想にすぎないが、遠野だったらどうだろう。そう、あの柳田国男『遠野物語』の舞台だったら。

同じ人六角《ろっこ》牛《うし》(引用者注・山の名前)に入りて白き鹿に逢へり。白鹿《はくろく》は神なりといふ言伝へあれば、もし傷つけて殺すことあたはずば、必ず祟《たた》りあるべしと思案せしが、名誉の猟人なれば世間の嘲りをいとひ、思ひ切りてこれを撃つに、手応へはあれども鹿少しも動かず。この時もいたく胸騒ぎして、平生魔除けとして危急の時のために用意したる黄金の丸《たま》を取り出し、これに蓬《よもぎ》を巻きつけて打ち放したれど、鹿はなほ動かず。あまり怪しければ近よりて見るに、よく鹿の形に似たる白き石なりき。数十年の間山中に暮らせる者が、石と鹿とを見誤るべくもあらず、全く魔障《ましやう》の仕業なりけりと、この時ばかりは猟を止めばやと思ひたりきといふ。

この引用に見るような昔ばなしの残り香をたっぷり嗅いで育ったら、田尻はゆくゆく、おなじ「ポケットモンスター」を創るにしても、その仕上がりはもうちょっと変わっていただろう。

川や海はあんまり重視されることなく、山が主要な舞台になり、ポケモンの姿かたちは妖怪寄りになる、または神獣寄りになる。ちょうど右の引用における白い鹿のように。私は、いま私たちの目の前にあるピカチュウ以下のデザインは手塚治虫的画風の最末端と見ているけれど、それよりも水木しげる的画風に近づくのではないか。

ひとことで言えば、影の濃い生きもの。当然そんな生きものをそうそう気やすく捕獲や飼育することはできないし、友達どうしでの交換もやりづらい。それはそれで田尻のことだから楽しいゲームに仕立てたことはまちがいないが、それは日本趣味のキャラクターによる日本趣味のゲームになり、いま見る「ポケットモンスター」のような普遍性ある世界にはならなかった。そんなふうに想像するのだが、どうだろうか。

ここでの「普遍性」とは、

――あらゆる国籍、あらゆる年齢の人々に無媒介で受け入れられる性質。

とでも定義しようか。数多くのポケモンがこんにち世界的な人気

2020年に、町田市で行われたポケモンマンホール設置式典の様子
（町田市／©2021 Pokémon. ©1995-2021 Nintendo/Creatures Inc./GAME FREAK inc.）

を博している秘密の鍵といえるもの。してみると、昭和四十年代の田尻少年は、町田という街の無個性さによって、たぶん自分でも知らないうちにその鍵をゲットしていた。そこには東京も神奈川もないかわり、無限の「世界」があったのである。

第二十一回　なぜ代々木の新国立競技場は案外おとなしいのか

二〇一九年十一月三十日、新しい国立競技場が完成した。設計は隈研吾《くまけんご》。私はたまたま用事があり、完成直前に向かいの「三井ガーデンホテル神宮外苑の杜《もり》プレミア」に泊まったので、ひとあし早く、競技場の建物をいろいろな角度から眺めることができた。

何しろホテルの屋上テラスから見おろした、客室から見た、もちろん地上からも仰ぎ見た。大型ビジョンにちらちらと何かが映っているのが見えたのは、一種の試運転だったのだろう。やっぱり新築の家（まあ家のようなものだろう）は心がはずむ。すみません、嘘をつきました。ほんとうは「たまたま用事が」でも何でもなく、これを見るために泊まったんです。

子供みたいな興奮が一段落すると、デザインに関しては、

——おとなしい。

という気がした。脳裡にザハ・ハディドによる初案の残像があったからである。そう。何年か前、お金がかかりすぎるという理由でわれわれ日本国民に文句をつけられ、そのあおりでデザインまでもが「カブトガニ」だの「自転車のヘルメット」だのと流れ弾ぎみの酷評を受けたあの案の残像が。これは単なる紙の上の、あるいはパソコンやスマホの画面の上の感想ではないつもりである。私はザハ物件の実物を韓国で見ている。ソウルの「東《トン》大《デ》門《ムン》デザインプラザ」である。

その存在を教えてくれたのは、作家の万城《まき》目《め》学《まなぶ》さんだった。韓国にのこる近代建築を見てまわるという「オール讀物」誌の対談企画で現地へ飛んだとき、平成二十六年（二〇一四）築、つまり近代建築ではなく現代建築であるにもかかわらず「ぜひ見ましょう」と誘ってくださった。

見てみると、それは何というか、建物というよりは巨大な前衛芸術という感じだった。鉄製のクジラを徹底的に紙やすりで磨いたような、その腹にクラインの壺の穴をぶちこんだような……対談記事は同誌二〇一八年四月号、五月号に掲載されたから、ご興味ある向きはバックナンバーをさがしてもらえればと思うが（当該物件は四月号のほうに掲載）、とにかく私がそれを見た時点でもう日本では国立競技場のザハ案は撤回されていた。

ザハ本人も亡くなっていた。正直、

――これが、代々木に来ていたら。

惜しい気持ちがあった。私がこのたび国立競技場の完成をまのあたりにして「おとなしい」という感想を持ったのは、ひとつにはこういう背景があったようである。

新国立競技場

「前衛」より「伝統」

でも、いまさら惜しんでも始まらない。家は完成したのである。だいたい総工費を約半分にきりつめた上わずか三十六か月で完成した建物が前衛芸術になるはずがない。さいわい、この新しい競技場は「杜のスタジアム」を称している。

杜というのは森である。その建物のあるところが明治神宮外苑という緑ゆたかなスポーツ公園のなかであることを意識した、少し気のきいた文句であるが（そういえば泊まったホテルの名前にも「杜」の字があった）、事実、この競技場は、内装外装はふんだんに国産木材をもちいている。

　座席の色が白、黄緑、茶など五色のモザイク状になっているのも、木漏れ日になぞらえてのことらしい。考えてみれば、明治神宮というのは、文字どおり明治天皇ご夫妻のたましいを祀る神社だった。創建はだから大正期である。外苑も緑が多いけれど、より社殿に近いほうの内苑はもっと多い。まさしく森そのもの。そこまで意識したのだとしたら、この「杜のスタジアム」は、つまりは歴史の引用の産物ということになる。

　お金を節約しなければならないとか、工期が短いとかいう現実的、消極的な理由ではなく、もっと精神的、積極的な姿勢において前衛よりも伝統をえらんだことになる。クラシックである以上「おとなしい」のは当然なわけで、今後の改修も、この線で進められることが望ましい。たまたま地名も「代々木」だし、この建物で今後さまざまなスポーツがおこなわれ、たくさんの新記録が「樹立」されたなら、それもまた土地の霊への供物になる。

むすび

なぜ江戸は首都になったのか

お気づきかもしれないが、この本にはこれまで大きな用語の混乱があった。「徳川時代」と「江戸時代」のそれである。

家康の幕府開創から慶喜の大政奉還まで、年数でいうと慶長八年（一六〇三）から慶応三年（一八六七）までのおなじ約二百七十年間を「徳川時代」と呼んだり「江戸時代」と呼んだりして特段ことわりもしなかった。こういう場合には、ふつうなら、どちらかに統一するのが校正の常道なのである。

そのほうが字面もよくなるし、読者の負担も減る。担当者はさぞかし気になったにちがいないが、私としては、じつは「江戸時代」という用語には少し違和感があったのである。

なるほど江戸には将軍がいる。人口も全国一だろう。その点ではまさしく日本の代表、時代の指標にほかならないのだが、しかし一国の首都の条件を経済という点に置いたら事情は一変する。

当時の経済の最重要品目は、コメである。と同時にお金である。コメをふくむ日本中のあらゆる主要な物産はまず大坂にあつめられ、そこで値段をつけられた上、ふたたび各地に散って小売りされるわけだから、ここでは明らかに大坂のほうが一国の支配者なのである。

いわゆる天下の台所。これにくらべると江戸など単なる大消費地にすぎないだろう。「江戸時代」の語がしっくり来ない理由である。この約二百七十年間は、じつのところ江戸の時代とは言いきれないのである。

ならば「徳川時代」に統一すればいいのか。それもまた不都合がある。何しろこの本は東京そのものを主題としているので、文脈によってはどうしても「江戸」の地名を出したいことがあるからだ。まあ文章の苦労はともかくとして、大坂の存在はやはり気になる。大坂はこの時代には首都とは呼べないまでも半首都ではあったわけで、だからこそ維新のときには大久保利通が、いっとき、

——新しい帝都は、大坂にしよう。

としきりに訴えたりもした（第六回「なぜ銀座は一時ベッドタウンになったか」参照）。純粋に経済だけを見るならば、これは正しい選択だったろう。もしも実現していれば、いまごろ天皇ご一家は大阪城にお住まいかもしれず（当然そこは「皇居」と呼ばれることになる）、ＮＨＫのアナウンサーの話す標準語は大阪弁となり、芸能ニュースでは歌舞伎役者よりもむしろ文楽の太夫や三味線や人形遣いのほうが派手に女性との密会をスクープされていたかもしれない。結果からすれば日本の首都は江戸‐東京とエスカレーター式に進んだように見えるけれども、決してそんなことはないのである。

ならばなぜ江戸は東京になったのか。言いかたを変えるなら、なぜ江戸は明治以後、真の首都になり得たのか。

大和川と利根川

これをときあかすには、むしろ逆に、なぜ大坂は首都になれなかったかを考えるほうが早いかもしれない。大坂には何が足りなかったか。

あるいは何の限界があったのか。従来こういう問題はもっぱら政治や経済のほうから語られることが多かったけれど、ここではひとつ、もっと物理的なところから考えてみることにする。

都市の物理とは何か。土木である。大地との格闘ともいえる。ただし江戸と大坂の場合はどちらも道路とか建物とかいう以前に、そもそもその大地をどのようにして得るかが大問題だった。どちらも元来はかなりの部分が湿地であり、とてものこと、大勢の人が住めるところではなかったからである。

湿地の原因は、川だった。

どちらも海のほとりにあり、河口が近いから水がだらだら広がったわけだ。したがって豊臣秀吉による大坂の街づくりも、徳川家康による江戸のそれも（両者のスタートの差は十年もない）、まず手をつけたのは河道の改変である。

当時のことばで「瀬替え」という。さしあたり工事の容易なのは大坂のほうだった。いったい大坂には東から二本の川が流れこんで来る。ひとつは琵琶湖からの淀川であり、もうひとつは奈良方面からの大和《やまと》川。

北の淀川、南の大和川という言いかたもできるだろう。このうち淀川のほうに、秀吉は、こんにち、

——文禄堤《ぶんろくつつみ》。

と呼ばれる堤防をながながと築いて（厳密には堤防道路）、これでいちおう大坂の街は使いものになった。本流をしっかりと固めて広がらせず、固めたまま海（大阪湾）へどっと注がせることで大阪平野を干上がらせたわけだ。南のほうの大和川は、この時点では、大阪平野に入るや否やほとんど直角に北へ向かって淀川と合流していたから、阿倍野や船《せん》場《ば》、天満《てんま》といったような中心街へは支障がなかった。単なる辺境の川だったのである。

だがその辺境の川が、しばらくして大問題になるのである。大阪平野に入り、ほとんど直角に北へ向かったら、大和川はおもに三本にわかれる。

玉串《たまくし》川、楠根《くすね》川、長瀬川である。三つとも結局は淀川へそそぎこむのだが、これらはいずれも天井川、つまり河床が周囲の平地よりも高い川だった。

その水は、誇張して言えば大雨のたび滝のごとく流れ落ちた。田畑はだめになり、子供も大人もおぼれ死んだ。淀川と同様の堤防を築いたら川の底に土砂がたまり、河床が高くなり、いっそう悲惨なことになった。もはやどうしようもない。このため沿岸村民はかなり早くから、これら三本の川を、

――よそへ、やってくれ。

と行政へ嘆願している。

すなわち瀬替えの訴えにほかならなかった。時代はすでに徳川時代である。訴訟先ははじめ大坂町奉行所だったけれども、らちがあかないと見るや、何とまあ、彼らは江戸まで行ってしまった。

そうして幕府の本省というべき勘定奉行所へ駆けこんだらしい。ずいぶん強引なことをしたものだが、彼らの目的は、おそらく人命のみにはなかったろう。いわゆる「大切な人をまもる」のとおなじくらい、いや、それ以上に「稼げる」ことを意識していた。これらの川がなくなれば、その跡地は、そっくりそのまま肥沃《ひよく》な田畑になる。穫れ高が劇的に向上する。江戸での訴え先が勘定奉行所だったというのは、要するに、この役所の重要な仕事のひとつが諸国年貢の収受だったことと関係がふかいと見るべきだろう。これは私の想像だが、彼らは風のたよりで、

——関東では、利根川を曲げているらしい。

そう耳にしていたはずである。実際、その工事はもう始まっていたのだから（後述する）、彼らにしてみれば、

——利根川がやれるくらいなら、それよりはるかに狭く短いこっちの川がどうしてやれぬか。

その感情が強かったのではないか。幕府は「よし、やろう」とは言わなかった。村民は訴願しつづけた。その訴願はついに五十年におよんだというから恐るべき粘り強さである。または強欲さである。

結局、幕府のほうが折れた。こちらもやはり、人々の「安心・安全のために」などという崇高かつ感傷的な意識がはたらいたのではなかったろう。穫れ高が上がれば年貢米がふえる、瀬替えの工事費も回収できると試算が立ったわけである。

工事開始は、宝永元年（一七〇四）二月。

完成は、同年十月。

そう、たった八か月で終わってしまったのである。土木技術のすさまじい高さ。それだけで大和川は河道が激変し、いま見るような姿になった。大阪平野に入ったところで北へ向かうことをやめ、三本にわかれることもやめ、まっすぐ太く西進して大阪湾へと押し寄せる。

この西進部分こそ、つまりは今回の掘削部分というわけだ。おおむね幅百八十メートル、長さ十五キロメートル。性格的には川というより放水路に近いだろうか。

もちろんこの新河道のところにも元来は村があり、田畑があり、人々の暮らしがあり、笑顔や泣き顔があったのであるが、それらは水底に沈んでしまった。
歴史から永遠に消えてしまった。沈んだとしても結果的には別のところに五倍もの広さの土地があらたに得られたのだから結構じゃないか。公共事業というのは、つまりは結局そうした性格のものなのだろう。ともあれ大阪平野の開発は、こうして全部で約百年で完了した。

その第一段階が淀川の文禄堤、第二段階が大和川の瀬替えであることは右に見たとおりである。大坂の街はこれにより都心部と郊外の農地とが完備され、真に機能しはじめた。いっぽう関東はどうだったか。関東平野ではこの時点でもまだ利根川の大蛇があばれていたのである。

淀川と大和川を合わせてもなお足りぬほどの「坂東太郎」。その水源は、群馬の山中にあった。そこから南へまっすぐ駆け下りて東京湾へなだれこむのがもともとの川すじで、その河口につまり江戸があったわけだ。

上野や本郷、白金《しろかね》など、いくつかの台地をのぞけば江戸の地がもう見わたすかぎり水びたしだったのは、遠浅の海ばかりのせいではない。むしろ利根川の水のだらだらによるところが大きいのである（ほかの川もある。後述）。

現在は、もちろん川すじは大きく異なる。群馬の山中を発して南下するところまではおなじだが、埼玉県幸手《さって》市あたりで東へＬ字状に進路を変えて、銚子付近で太平洋に出る。はっきりと江戸（東京）を避ける川すじ。土木工事の結果である。その工事の始まったのは、おそらく江戸幕府の開創まもなくだったのではないか。西暦でいうと一六〇〇年代初頭。大坂ではまだ大和川には手もつけられていなかった。あの訴願好きの村民たちは、大坂城では秀吉死後の豊臣家ががんばっていたので、そっちへ押しかけたかもしれないが。

もっとも、利根川は大河である。こんなＬ字改流の大工事が、のちの大和川のように八か月で終わるはずもない。いったいに関東平野にはほかにも渡良瀬川、江戸川、綾瀬川、隅田川、荒川などが網の目のように並行しているので（いずれも河道は現在とまったくちがう）、それらとつなげたり切り離したり、無数の小工事をおこなわなければならないことも事態をいっそう困難にした。

起工から約五十年後、承応三年（一六五四）にようやく利根川は太平洋へと接続したものの、この時点では、それは一部の流れにすぎなかった。

残りの水はまだまだ他の川と合流しつつ、結局のところは東京湾へそそいだのである。

このため、このいわゆる利根川東遷の大事業は、そののちも関東平野のあちこちで工事がつづけられることになる。

堤防の修築やら、支流の締め切り（閉塞）やら、川幅の拡張やら……つづくうち世の中のほうが明治になった。こと治水においては、関東平野の開発は、とうとう徳川時代には完了しなかったのである。

そうした治水の未完了は、ただちに農地化の未完了を意味する。関東平野の面積は約一万七千平方キロメートル、もちろん日本一だけれども、その広大な面積ほどには米の穫れ高は上がらなかったような感じがする。もしも関東平野に口があるなら、

——俺はまだ、全力を出していない。

などと言いたかったかもしれない。それとくらべると大阪平野のほうは、面積こそ約千六百平方キロメートル、関東平野の十分の一にもみたないけれど、その内蔵するものはじゅうぶん利用されつくしたといえる。

彼は全力を出したのである。それに大坂の場合には、周囲に有能な都市が多かった。酒づくりの奈良や伏見、塩づくりの赤穂、江戸の大流行商品である菜種油しぼりの六甲山麓地域といったような「稼げる」物産都市もそうだけれど、何と言っても中世以来の一大金融センターである京がすぐそこに控えていたことで、優秀な人材に事欠かなかった。人材

の集積こそは都市発展の最大の条件にほかならないのである。

多極分権と一極集中

大坂は、いわゆる天下の台所だった。

コメをふくむ日本中のあらゆる主要な物産がまずそこにあつめられ、そこで値段をつけられた。ということは要するに、全国の物産は、その値段をつけられるだけの高度な人間の頭脳めがけて殺到したのである。

おそらく初期の大坂の市《いち》をささえた人材のうち、多くは京から来たのだろう。それ以降は人が人を呼ぶ。あるいは街が人を呼ぶ。全国から、とりわけ西日本から有能な者があつまることになった。大坂というのは街自体はひろくないし、大阪平野もせまいけれど、むしろその故にこそ他の街の力をためらうことなく借りる意識がはたらいたといえる。この点で、私の目には、徳川時代の近畿地方は、

——商店街みたいだ。

と映じたりもする。漠然と「上方《かみがた》」と呼ばれるアーケードの下で、大坂屋をはじめ、京屋、奈良屋、伏見屋、赤穂屋、六甲屋……個性ゆたかな店が軒をならべ、独自の商品を売

り、そのことで全国の注目をうながす。

いうなれば多極分権型。これに対して関東平野は一極集中型というか、ひとつの巨大なショッピングモールみたいな感じだ。関東平野という未完成ながらも広大きわまる箱型の建物のなかに、すべての店が入居してしまう。

その中心はもちろん江戸である。ほかにも新宿、品川、浦賀、佐倉といったような小さな個性は点在するが、それらは新宿、品川、浦賀、佐倉である前にまず江戸郊外である。一種の従属の街なのである。あるいは傘下の街なのである。どこもかしこも似たような歴史しか、あるいは歴史の浅さしか持たない上にあんまり江戸の光がまぶしすぎるのだ。

商店街型、ショッピングモール型、どちらが上という問題ではない。徳川時代のふたつの首都はこうして地方の東西も、周囲との関係もまったく異なるものでありつつ発達したのである。

それが近代に入ってどうなったか、これはみなさんご存じのとおり。

商店街が負け、ショッピングモールが勝利した。その理由はもう明らかだろう。治水工事の継続により未完成の関東平野がようやく「完成」し、すみずみまで人の手で使えることになったこと。それにより農地がふえたのはもちろん、それ以上に江戸の、いや東京の郊外の面積がふえたこと。

そう、あの一万七千平方キロメートルがようやく全力を出したのである。もはや大阪の街は、ないし大阪平野は、置き去りにされるほかなかった。これは単なる面積の問題ではない。関東平野の持つあの一極集中的、ショッピングモール的性格が、そっくりそのまま近代日本そのものの理想とする国家像と一致していたことは偶然ながら大きかった。

一刻もはやく中央集権の実《じつ》を手に入れたいと思う政府にとって、江戸＝東京は、じつに落ちつきのいい場所だったのである。大久保利通が最後には大坂遷都論を撤回し、江戸への遷都に同意したのも、うがって見れば、彼がのちに国家中枢の独裁者になることと無関係ではないかもしれない。この点でもまた大坂ないし上方という多極分権型の商店街はむなしく置き去りにされたのだった。

二十一世紀の現在、このショッピングモールは「首都圏」と呼ばれている。「関東平野」とどう違うのかは誰もわからず、どこからどこまでが圏内なのかはさらにわからず、そもそも地名なのか否かさえ判別しがたい名詞だけれども、逆にいえばそういう曖昧なことばを使わざるを得ないだけ、それだけ日本の首都はふくれあがった。

新宿も、品川も、浦賀も、佐倉も、こんにちではさらに大宮や千葉や横浜をも呑みこんで、この箱型の建物はあっけらかんと立っている。

その繁栄が永遠につづくものかどうか、未来はそれこそ誰にもわからないけれど、もしも今後、関東が――東京がと言いかえてもいい――首都の座をどこかに奪われることがあるとしたら、その原因はやはり土木にあるような気がする。政治も経済も、さらに言うなら通信も医療も建設も運輸も電力も学問も芸術も、つまりは大地の前提があってはじめて成り立つものだからである。

とはいえ私たちの精神はいまや雑誌、書籍、ラジオ、テレビ、インターネット……およそ近代情報産業史が営々として築き上げてきた仮想の世界、イメージの世界にあそぶことが圧倒的に多い。そこでは土木はもはや必要ないというより、土木までもが仮想化されている。将来の日本の首都は、ひょっとしたら世界の首都も、人間の頭のなかにしか存在しない時代が来るかもしれない。

初出　文藝春秋digital
連載「この東京《まち》のかたち」二〇一九年十一月八日～二〇二〇年十二月十八日
第四回、第十二回は本書のための書き下ろしです。

門井慶喜（かどい　よしのぶ）

1971年群馬県生まれ。2003年「キッドナッパーズ」でオール讀物推理小説新人賞を受賞。16年『マジカル・ヒストリー・ツアー』で日本推理作家協会賞（評論その他の部門）を受賞。18年『銀河鉄道の父』で直木賞を受賞。他の著書に『家康、江戸を建てる』『東京、はじまる』など、近著に『地中の星』がある。

文春新書

1328

東京《とうきょう》の　謎《ミステリー》

この街《まち》をつくった先駆者《せんくしゃ》たち

2021年９月20日　第１刷発行

著　者　　門　井　慶　喜

発行者　　大　松　芳　男

発行所　株式会社　文　藝　春　秋

〒102-8008　東京都千代田区紀尾井町3-23

電話（03）3265-1211（代表）

印刷所　　大日本印刷

製本所　　大　口　製　本

定価はカバーに表示してあります。

万一、落丁・乱丁の場合は小社製作部宛お送り下さい。

送料小社負担でお取替え致します。

ISBN978-4-16-661328-1